お道の常識

佐藤浩司
Sato Koji

天理教道友社

はじめに

「お父さんは、自分だけが陽気ぐらしで、家族をないがしろにして〝陰気ぐらし〟をさせている」

とは、嫁に行った娘が、旦那《だんな》と一緒に帰ってきたときの意見です。しかも、未信者である夫を前にしての娘のこの言葉は、なんとか少しでも教えを聞き分けてほしいと願っている私にとって、胸に匕首《あいくち》をグサリと突き刺されたように痛いものでした。

話の発端は、「会議や溜《た》まった仕事に追われ、自然と帰宅が遅くなり、夕食を一緒にできないどころか、顔を合わす時間もなく、日曜祭日とて休めずに家族をかえりみていない。しかも、家事はもとより、運転や接客と、お父さんのために煩雑な仕事をこなしているにもかかわらず、感謝の言葉一つない。これではお母さんが可哀相《かわいそう》だ」と娘が言いだしたことにあります。私自身は、健康で、十分とはいえないまでも与えられた勤めをこなせていることに対して、大いなる神様のご守護に感謝をし、もとよりそれを支えてくれている妻をはじめ家族には、口に出さないまでもありがたいとも思っております。

「教理は、知識として持っているだけでは意味がない。日常生活に実践してこそ価値がある」「信仰は、特別に何かをすることではなく、生活である」と常々、学生に向かって講義もし、人にも語っています。しかし、自分自身の生活を振り返ってみますと、娘の指摘を待つまでもなく、実行できていないのが実情です。

親神様は、人間世界創造の目的である「陽気ぐらし」を実現するために、教祖《おやさま》を「神のやしろ」として、この世と人間についての真理を伝え、具体的な「陽気ぐらし」の方法を教えられました。この教えは、教祖の口を通じて述べられ、筆に書き記されたばかりでなく、「ひながた」として教祖自ら身に行ってお示しくださいました。

また、この教えは「仮名の教え」といわれるように、だれもが理解できるようにと、易《やさ》しい言葉をもって伝えてくださっています。教祖の慈愛に溢《あふ》れる言葉と行いによって、多くの先人がこの道へと導かれました。『稿本天理教教祖伝』や『稿本天理教教祖伝逸話篇』、先人が残されたお話から、その様子をありありと伺うことができます。

本書は、教祖のお導きを得て〝信仰は暮らし〟を実践された先人の歩みをヒントに、ややもすると日常生活の中で忘れてしまいそうな、また反対に、教条主義に陥《おちい》りそうな私どもの信仰をもう一度見つめ直し、少しでも生活の中に活《い》かせるようにと願って著したものです。したがって、教理を体系的、網羅《もうら》的に述べたものではなく、私自身が、生活の中で気づいたことをアトランダムに記したものです。

振り返ってみますと、お道の信仰の素晴らしさに眼を開かせてくださったのは、黙々と人さまのためにと尽くしていた両親と、マイナス三〇度を超す厳寒のなか、また、一寸先の見えない吹雪のなかを、嬉々《きき》として教会に足を運んでいた信者さんの姿でした。誠にありがたいことです。

「おさしづ」に、

辛《つら》い者もあれば、陽気な者もある。神が連れて通る陽気と、めん／＼勝手の陽気とある。勝手の陽気は通るに通れん。陽気というは、皆《み》んな勇ましてこそ、真の陽気という。めん／＼楽しんで、後々の者苦しますようでは、ほんとの陽気とは言えん。

（明治30年12月11日）

いけません。と、お諭しいただいております。自分だけが「陽気ぐらし」をしていては

「皆んな勇ましてこそ」、本当の「陽気ぐらし」なのです。よく分かっているのですが、これがなかなか実行できないのが、つらいところです。この原稿も、編集者に催促されながら、誰もいなくなった大学の研究棟の一室で書いています。

筆　者

目次

目次

装丁――森本　誠

第一部　先人の生き方

女松男松の隔てない

時は明治十九年（一八八六年）、東京で釣り針の卸商《おろししょう》を手広く営む古田栄五郎《ふるたえいごろう》さんという人がおりました。店は繁盛し、東京一とまでいわれました。

ある日、栄五郎さんは下谷《したや》区金杉上町《かなすぎかみちょう》の長屋に一人の男を訪ねました。その男とは、のちの東《あづま》大教会初代会長、上原佐助《うえはらさすけ》さんです。

佐助さんから、初めて天理教の話を聞いた栄五郎さんは、深い感銘を受けました。なかでも、目からうろこが落ちる思いをした話の一つが、

「人間はみな神の子で、お互いは兄弟であり、だれが偉い、偉くないということはない。女松男松《めまつおまつ》の隔てない」

というものでした。

栄五郎さんは家に帰るや、きく夫人に、

「これまで呼び捨てにしていてすまなかった。これからは、さん付けで呼ばせてもら

う」
と謝り、以後、生涯「おきくさん」と呼びつづけました。
のちに栄五郎さんは、牛込《うしごめ》大教会の初代会長となり、多くの人々を導くことになるのですが、だれに対しても呼び捨てにすることはなかったということです。

（尾崎栄治《おざきえいじ》『心あつめて』〈天理教牛込大教会〉）

さて、婦人解放運動家として名高い平塚《ひらつか》らいてうさんが、
「元始、女性は太陽であった」（『青鞜《せいとう》』創刊の辞）
と宣言したのは、明治四十四年のことです。
人間の歴史を振り返るとき、たしかにらいてうさんの言うように、女性はその輝きを厚い雲に阻《はば》まれて、久しく時を過ごしてきました。原始時代を経て、農耕が始まるとともに貧富の差が生まれ、やがて人々は富や名誉や領土を求めて争うようになりました。力と力のぶつかり合いは、その成りゆきとして〝男性社会〟を築いてゆきました。

長い時を経て、ようやく男女平等の思想が芽生えるようになったのは近代のことです。文明開化の明治になって、日本にも西欧の自由と平等の思想が入ってきたものの、女性が選挙に参加できるようになったのは第二次世界大戦後。男女が平等に職業や職場を選べるように法律がつくられたのは、つい最近のことです。男女平等への道は、まだまだ始まったばかりと言わざるを得ません。

天理教の教祖《おやさま》、中山《なかやま》みき様は、女性として生まれ、嫁として、妻として、母として生きられたのち、天保《てんぽう》九年（一八三八年）に「神のやしろ」となられてからは、人類の親としての立場に立たれました。

そして、人類救済の教えを、口や筆ばかりでなく、身近な事柄を通して自ら身をもって示されました。

そのなかには、当時の社会で当然のこととしてまかり通っていた女性に対する数々の偏見や差別に対し、真実の教えをもって諭して導かれたことがあります。

たとえば教祖は、自ら教えを記した「おふでさき」に次のように示されています。

この木いもめまつ《雌松》をまつ《雄松》わゆ《言》ハんでな

いかなる木いも月日をもわく《思惑》　七号21

その意味は、おおよそ次のようなものです。

「陽気ぐらし世界の建設、人類の救済には、親神の手足となってたすけに従事する人材（よふぼく＝用木）が必要である。その人材については、大小、地位、男女、老若は問わない。親神の思惑《おもわく》によって見いだし、引き寄せ、手入れして、使える人材として育てていくのだ」

教祖の時代、多くの女子教育の場では、貝原益軒《かいばらえきけん》の著作をもとに生まれた『女大学《おんなだいがく》』が、嫁入り前の子女の心得として用いられていました。その内容は、たとえば「女は陰性である。陰は夜にて暗い。ゆえに女は男に比べると愚かである。何事もわが身を遜《へりくだ》って、夫に従うこと」というようなものでした。

このような時代ですから、教祖の教えはまさに画期的でした。

教祖がこの教えを説かれたのは、らいてうさんの宣言をさかのぼること七十年も前のことです。この教えにふれた多くの人びとは、栄五郎さんのように、それまでの伝統的な女性観、夫婦観を見直し、教えに従った生き方を心がけていったのでした。

させていただく

腕の痛みをたすけられて入信した宮森与三郎《みやもりよさぶろう》さんは、家に戻ると痛みがぶり返し、教祖《おやさま》のもとへ参ると不思議と治まるところから、お屋敷に住み込むようになりました。数え二十三歳のときのことです。

与三郎さんが初めてお屋敷に参拝したとき、教祖は、

「よけ人の気のいい子が欲しい」

と仰せになったといいます。「よけ人」というのは、家の跡取りでない人のことです。

与三郎さんは三男で、生来純朴そのもので、教えを聞き分けるほどに、「気のいい子」の性質に磨きがかかっていきました。

お屋敷の住み込みとなってからは、来る日も来る日も門掃《かどは》き、拭《ふ》き掃除、参拝者の便宜《べんぎ》のために営業していた蒸し風呂の風呂焚《た》きや宿屋の炊事、田畑での農作業、山での柴《しば》刈りなど、一切の仕事を黙々とこなしました。

❈　❈　❈

人間の努力や才覚は、暮らし向きを豊かにするために欠かせないものです。

生計を立てるために、田畑を耕したり家畜を養うのも、商品を売買するのも、物を加工して新製品を作りだすのも、うまくいくかどうかは、それぞれの知恵と能力と働きに大きく左右されます。

そのため、うまくいくとどうしても〝われが〟〝おれが〟の心にとらわれやすいのが人間の常。とらわれすぎて、わが身を滅ぼすこともしばしばです。

しかし、欲にまみれ高慢になりやすい人間の心も、親神様のご守護に目覚め、親神様の働きに生かされていることが実感できたならば、低い心となり、おのずと言行が謙虚になっていくものです。さらには、人の難儀や不自由を見過ごせず、皆、わが事として受けとめられるようになるのです。

教祖は常々、与三郎さんに、

「我《わ》が事と思うてしたらみんな我がものになるのや、人の事やと思うてしたらみんな人のものになってしまうのや」

と仰せになりました。

（「宮森先生のお話」『みちのとも』大正6年7月号）

すべてのことを、わが事として受けとめるとき、他人に対しても「～してやる」「～してあげる」ではなく、「～させてもらう」「～させていただく」という態度に変わっていきます。これが、この道の信仰のあり方です。

与三郎さんは、この「させていただく」信仰の名人でした。

与三郎さんがお屋敷の住み込みとなったころは、官憲の取り締まりが厳しくなり始めたころでもありました。お屋敷の蒸し風呂兼宿屋の営業は、「みだりに人を集め、宿泊させるのは不都合である」との警察からの通達にもかかわらず、教祖のもとを訪れる信者たちを守るための、いわば方便でした。

「圧迫干渉があるのは教えが公認されていないからである」と考えた教祖の長男・秀《しゅう》司《じ》先生は、教会を開設するために、つてを得て金剛山地福寺《こんごうざんじふくじ》へ出かけることにしました。

教祖は、

「行き着く間に神が退く」

と厳しくこれを止められましたが、秀司先生は教祖や信者のことを思い、やむにやまれぬ思いで地福寺行きを決断したのでした。

秀司先生の若妻まつゑさんは、「だれか行ってくれぬかえ」と同行を促しました。しかし、教祖の「神が退く」の言に、皆が躊躇《ちゅうちょ》するのは当然のことでした。

そのなか、与三郎さんは、やはり〝わが事〟と考えたのでしょう。足の不自由な秀司先生を一人やるわけにはいかぬと、自らお供を買って出たのです。明治十三年のことです。

同年、その甲斐《かい》あって仏式教会が開かれましたが、翌年、秀司先生は六十一歳で出直され、次の年には、まつゑさんも夫のあとを追うように三十二歳で出直されました。

与三郎さんは、次は自分の番であると覚悟して、お屋敷のつとめを辞し、北のほうへ向けておたすけに出ました。そして、いまの梅谷《うめたに》大教会と田原《たはら》分教会の礎《いしずえ》を築き、教祖五十年祭の前日に八十歳で出直すまで、再びお屋敷のご用をつとめつづけたのでした。「させていただく」という信仰であったればこそ、と思われます。

阿呆は神ののぞみ

「山田《やまだ》さんは阿呆《あほう》な人や」

あるとき、西野清兵衛《にしのせいべえ》さんは、自らがお道の信仰に導いた山田太右衛門《たえもん》さんに、こう言いました。

太右衛門さんは、火災、旱害《かんがい》、母の死、妻の産後の患い、そして自身がマラリアにかかるという、相次ぐ一家の不幸のなかで入信しました。以後、生来の純朴さから、一途《いちず》に信心に励み、生業《なりわい》である農作業を放り出してまで、おたすけに専念するようになりました。

信仰を始める以前の太右衛門さんは、父・太良平《たろべい》さんと親子二代「渋太《しぶた》」とあだ名されるほどの倹約家で、お金や財産が一番との考えの持ち主でした。それが、信者の窮地《きゅうち》を救うために父祖伝来の土地を次々と売り払い、「田売り太右衛門」と呼ばれるまでになったのです。

冒頭の言葉は、西野さんが、そのような太右衛門さんを案じて発したものでした。

❖ ❖ ❖

信仰とは、その教えが正しいと、固く信じ込んで求めるものです。そのため、時として世間の常識から見ると、異常とも狂気とも見られることがあります。

教祖《おやさま》は、神のやしろとなられてから、

「貧に落ち切れ」

との神の命のままに、家財道具から田地田畑《でんじでんぱた》、ついには母屋《おもや》まで売り、人に施してしまわれました。このような行動が、世間の人々に理解されるはずもなく、「阿呆」と嘲笑《ちょうしょう》の対象となりました。その様子は、後年の「おさしづ」にも伺えます。

世界からあんな阿呆《あほ》は無い。皆、人にやって了《しも》て、後どうするぞいなあ、と言われた日は何《なん》ぼ越したやら分からん。（明治32年2月2日）

では、教祖ご自身は「阿呆」と嘲笑されることを、どのように思われていたのでしょうか。あるとき、のちに大縣《おおがた》大教会の礎《いしずえ》を築く河内《かわち》の増井《ますい》りんさんに、こう仰せになっています。

「神様には、阿呆が望みとおっしゃるのやで」
他人の嘲笑を気にも留めず、ひたすら教えに従って生きる一途なりんさんの信仰姿勢をよしとされてのお言葉でしょう。こざかしい人間の考えは、神意に及ぶべくもなく、それゆえ、教えられたことを素直に聞いて実行することの大切さを、ひとり、りんさんのみでなく、この教えを信じるすべての者に示されているように思われます。

この道の基本は、教祖の歩まれた道を手本ひながた（雛型）として生きることです。ですから、教えに導かれ、教祖を慕う人々のなかには、教祖が歩まれたと同じように地位、名誉、財産など、通常の人間が求める価値を捨てて、専心、素直に教えに従って生きる人が続々と現れました。太右衛門さんも、その一人でした。

太右衛門さんはその後、現在の甲賀《こうが》大教会の初代会長となり、教会本部の本部員として登用されました。晩年になっても信者たちに、
「阿呆になれ」「どれだけ阿呆になれたか」
と、諭しつづけたとのことです。

（山本《やまもと》素石《そせき》『大愚太右衛門』〈サンポウジャーナル〉）

人間、「阿呆になれ」と言われて、なれるものではありません。また、現代の風潮として、ますます「阿呆になる」のがむずかしくなっているように思います。阿呆になれるかなれないかは、ひとえに、心の中核にいかに信仰が治まっているかにかかっているのです。

「結構、結構」

京都で鍛冶屋《かじや》を営んでいた深谷源次郎《ふかやげんじろう》さん（のちの河原町《かわらまち》大教会初代会長）は生来、陽気なことが好きな正直者でした。

確かな物作りと掛け値なしの品物の値段に、店は、京都以外の遠方からも注文が来るほど大評判。しかし、源次郎さんに商売っ気はなく、「まけてんか」と値切る人には「買《こ》うてもらわんでも結構」と断るのが常でした。

「歌って踊る陽気な神さん」にひかれて、早くからお道を信仰するようになりましたが、源次郎さんにとって、お道は当初、数ある信心の一つにすぎませんでした。

転機が訪れたのは、明治十五年のことでした。仕事中、真っ赤に焼けた鉄屑《てつくず》が、目に飛び込んできたのです。源次郎さんは、たすけていただければ生涯仕える、と誓って、神様に一心不乱に祈りました。そして、鮮やかなご守護を頂き、以来、熱心に信仰するようになったのでした。

とくに、神様のご守護の理をよくわきまえ、成ってくる理を喜んで受けるようになりました。どんなに困ったことが起こっても、いつも、

「結構、結構」

と言う姿に、だれからとなく「結構源さん」と呼ばれるようになりました。

たとえば、ある年の梅雨《つゆ》のことです。京都の町にふた月もの間、雨が降りつづきました。これには、いくら源次郎さんでも結構とは言えまいと、数人の若者たちが冷やかしにやって来ました。

「源さん、ずいぶん降りまんなあ」

「そうだんなあ、結構だんな」

「……六十日も雨が降って、なんで結構だ！」

「六十日に雨が降るから結構や。これだけの雨が一日に降ってごらん。京の町は洪水にのまれてしまう。本当に結構だんな！」（「天の理・地の理」『柏木庫治《かしわぎくらじ》教話集（一）』〈道友社〉）

❈　❈　❈

言葉は、人と人とのコミュニケーションを結ぶ大切な手段です。言葉のおかげで、私たちは自分の考えを他人に伝えることができます。その半面、一つの言い回しの意味が、それぞれの心の持ちようや生まれ育った環境によって、複雑に変わってくるのも、言葉の特徴です。

とりわけ日本語は、遠回しにものを言ったり、イエスとノーを明確にしないなど、婉曲《えんきょく》表現の多い言語です。その日本語のなかでも、とくに分かりにくいといわれるのが〝京ことば〟です。落語『京のぶぶづけ』（大阪の人が京都の知人宅を訪ねたとき、おかみさんから社交辞令で、ご飯も無いのにお茶漬けを勧められたのを真《ま》に受けて、「ほな、いただきます」と答えたことから珍騒動が起こる）に描かれているように、その複雑さは、つとに知られるところです。

大の京都好きで知られる推理作家の西村京太郎《にしむらきょうたろう》さんは、京都に移り住んで二十年余りになるそうです。しかし、いまだに京ことばには戸惑うといいます。

たとえば「おおきに」。この言葉は、「ありがとう」と同様に、状況に応じて肯定と否定の両方の意味に使われることがあります。どちらの意味なのか、「ありがとう」はイントネーションや雰囲気で分かるけれども、「おおきに」は判断できないことが多いといいます。

また、あるときゲタを履《は》いてカラカラ音を立てて歩いていると、「ええゲタどすな」と声をかけられました。ほめられたと思っていたのですが、実はその人は、ゲタの音がうるさいと怒っていたのだということです。

（「話の肖像画――西村京太郎さん」『産経新聞』平成12年4月4日夕刊）

❖ ❖ ❖

教祖《おやさま》は常々、胸（思っていること）と口（言うこと）とが違うことのないようにと諭されました。それは、心に思っていることでも思っていないことでも、口に出したことは、そのまま神様の受け取るところとなり、それに応じて「かやし（返し）」がなされるからです。

源次郎さんは、事あるごとに「おさしづ」を仰いでいます。「おさしづ」には、源次郎さんに関《かか》わるものが六十件以上も採録されています。

そのなかには、「大きな心持ち治めるよ」（明治20年6月21日）、「楽しんで居《い》るようの心定めてくれ」（同20年10月）、「長くの心持て」（同21年2月5日）、「ほんの些《いささ》かの事情を心に沸《わ》かさんよう」（同23年9月4日）、「心に掛かり（中略）人に一つの満足を与えるよう」（同32年3月25日）というような言葉が多く見られます。成ってくることを「結構、結構」と喜んで通った源次郎さんに、なぜこのような「おさしづ」がたくさんあるのでしょう。

その答えは、悩みの理由にありました。どのように信者さんを導けばよいか――源次郎さんの心はいつも、このことでいっぱいだったのです。それには、京都という土地柄の影響も少なからずあったのかもしれません。親神様はそれを見通されて、このように諭されたのでした。

ともすれば、天性の陽気な性質のなせるわざと思われがちな、源次郎さんの「結構」ですが、実は天分にもまして相当な努力があったのではないか――これらの「おさしづ」は、そのことを物語っているように思われます。

かしもの・かりもの

見る、嗅《か》ぐ、聴く、味わう、しゃべる——私たちは普段、これらのことを当たり前のように行い、暮らしています。

呼吸によって体内に取り込まれた酸素が、血液に溶け込んで体じゅうに運ばれることや、骨・筋・肉を形づくる細胞の一つひとつが繋《つな》がり合い、つっぱり合い、水分をたたえているおかげで体の形が保たれていることなども、意識することはありません。そして、この体は自分のものと信じています。

また、動物や植物、金・銀・鉄などの鉱物、空気、山川草木《さんせんそうもく》、気象や天体の運行など、森羅万象《しんらばんしょう》について、ことさらに意識することはありません。そして、自然界にあるものは、人間の裁量で自由になると思っています。

でも、本当にそうでしょうか。

お道の教えの根本は、生命の営みをはじめ、この世のありとあらゆるものはすべて神のものである、ということにあります。人間は、神様からその働きやものを借りて存在しているのです。教祖《おやさま》は、そのことを「おふでさき」に次のように記されています。

たん／＼となに事にてもこのよ《世》ふわ
神のからだやしやん《思案》してみよ　三号　40、135

にんけん《人間》ハみな／＼神のかしものや
なんとをもふ《思》てつこ《使》ているやら　三号　41

では、この体が神様のものであるとするならば、借りる私たちのものは何もないのでしょうか。

人間というは、身の内神のかしもの・かりもの、心一つ我が理。
（おさしづ　明治22年6月1日）

人間存在の核は心であり、心こそが唯一自由に使うことのできる自分のものと教えられています。そして、それぞれの心の使い方が、自分の身に現れる一切の事柄に関《かか》わってくるのです。

めへ〳〵のみ《身》のうちよりのかりものを
しらずにいてハなにもわからん
三号 137

グルメの風潮に乗じた暴飲暴食、「援助交際」という名の売春、安易な堕胎《だたい》、傷害、殺人……世の中のさまざまな問題は、突き詰めれば、自分の体を含めた身の周りのものを「自分のもの」、あるいは「人のもの」と思っているところに端を発することばかりです。たとえば、自分に与えられた当然の権利のように、土地転がしで利益を得ることもしかりだと思います。すべては、「かしもの・かりもの」の真義が分からないゆえの人間の姿といえるでしょう。

お道の教えがどれだけ身についているか否《いな》かは、「かしもの・かりもの」の教理がどれだけ心に治まっているかどうかに関わっています。

❖ ❖ ❖

性格が温厚篤実《とくじつ》な村田卯平《むらたうへい》さんは、十九歳のときに病気をたすけられて入信し、素直な信仰をしていました。

かねてより、教えをさらに深く心に治めたいと思っていたところ、教理に聡《さと》く、〝おたすけの名人〟としても名高い加見兵四郎《かみひょうしろう》さん（のちの東海《とうかい》大教会初代会長）から、教えを受けることになりました。以来、卯平さんは農作業を終えた夜半、約七キロの道を歩いて兵四郎さんのもとへ通いつづけました。

兵四郎さんが話してくれるのは、いつも決まって「身の内かしもの・かりもの」の話でした。卯平さんは毎日飽くことなく、同じ話を聴きつづけました。

それでも、さすがにしばらくして、

「お話はよく分かりましたので、私もそろそろおたすけに出させていただきたい」

と申し出ましたが、兵四郎さんは、

「いやいや、まだ分かっておらん」

と、首を縦に振ってくれません。

再び卯平さんは兵四郎さんのもとへ通いつづけました。話の中身はやはり「かしもの・かりもの」でした。その後も幾度か、おたすけに出させてほしいと願い出ましたが、兵四郎さんの答えはいつも同じでした。

卯平さんは、あるとき意を決して、兵四郎さんにこう言いました。

「かしもの・かりものの教えはよく分かりました。ですから、おたすけに出させてください」

するとと、

「そうか、よく分かってくれたか。それならば出てもよろしい」

と、あっさり許されました。

卯平さんはうれしさのあまり、暇乞《いとまご》いのあいさつもそこそこに、飛ぶように帰途に就《つ》きました。途中、煙草《たばこ》入れを忘れたことに気づき、急いで兵四郎さん宅へ戻りました。そして、こう尋ねました。

「すみません。わたしの煙草入れ、ありませんか?」

すると、兵四郎さんは静かにこう言いました。

「……卯平さん、あなたはまだ分かっていませんね」

卯平さんは、このひと言にハッと気づいて、「かしもの・かりものの理」の真義を悟ったということです。

何かしら禅《ぜん》問答のようですが、「かしもの・かりもの」の理合いが真に治まると、〝わたしの〟という発想はなくなるのでしょう。

卯平さんは、のちに明和《めいわ》大教会の二代会長となりました。

これは、高野友治《たかのともじ》先生（故・天理大学名誉教授）からお聞きした話です。

低い心

学問もあり、農業関係の要職を歴任していた鴻田忠三郎《こうだちゅうざぶろう》さんは明治十六年、お屋敷のご用をつとめるようになりました。

当時のお屋敷には、教祖《おやさま》の教えを邪教《じゃきょう》とする警察の目が光っており、教祖やおそばの方は、事あるごとに呼び出しを受けていました。忠三郎さんも翌十七年三月、教祖と一緒に丹波市《たんばいち》分署に拘引《こういん》され、そのまま奈良監獄署に送られて十日間拘留されました。

その間、忠三郎さんは、獄吏《ごくり》から便所掃除を命じられました。忠三郎さんが便所掃除を終えて戻ると、教祖はこう尋ねられました。

「こんな所へ連れて来て、便所のようなむさい所の掃除をさされて、あんたは、どう思うたかえ」

忠三郎さんが「何をさせていただいても、神様のご用向きを勤めさせていただくと思えば、実に結構でございます」と答えると、教祖は続けてこうお諭しになりました。

「そうそう、どんな辛《つら》い事や嫌《いや》な事でも、結構と思うてすれば、天に届く理、神様受け取り下さる理は、結構に変えて下さる。なれども、えらい仕事、しんどい仕事を何《な》んぼしても、ああ辛いなあ、ああ嫌やなあ、と、不足々々でしては、天に届く理は不足になるのやで」

（『稿本天理教教祖伝逸話篇』一四四「天に届く理」）

❖ ❖ ❖

忠三郎さんは、大阪・河内《かわち》の高谷《たかや》家に生まれました。五歳のときに大和国《やまとのくに》北《きた》檜垣村《ひがいむら》

（現・天理市檜垣町）の鴻田家の養子となり、長じて養父の跡を継ぎ、農業に勤《いそ》しみました。聡明《そうめい》なうえに勉強家で、田畑を耕すだけにとどまらず、農業に関する知識や技術の普及、農作物の品種改良などに力を尽くしました。その功績が認められて、大阪府の農事通信委員、大日本農会の種芸科農芸委員に任ぜられ、さらには村の戸長、総代も務めました。

明治十四年、五十四歳のときには、新潟県の勧農場へ耕作係教師として派遣されました。

ところが、年末の休暇に帰郷してみると、以前から目を患っていた娘りきが、失明寸前となっていました。困り果てていたところ、同じ村の人の手引きで教祖を知り、妻と娘を伴ってお屋敷を訪ねました。そして、七日間のおぢば滞在で不思議なたすけに与《あずか》ったのでした。

忠三郎さんは感泣して入信を決心し、教祖のおそばでつとめさせていただこうと、新潟県へ辞職願を提出しました。ところが県は、辞職を認めてくれませんでした。困って教祖に伺うと、

「道の二百里も橋かけてある。その方《ほう》一人より渡る者なし」

（同九五「道の二百里も」）

とのお言葉がありました。

忠三郎さんは勇躍、新潟へ戻り、仕事のかたわらおたすけに励みました。そして、わずか半年の間に百数十戸の信者が生まれました。

翌十六年、忠三郎さんはおぢばに戻り、教祖のおそば近くでご用をつとめるようになりました。「おふでさき」や「こふき話」の書写、「みかぐらうた釈義」の作成などの教理研究とともに、官憲からの厳しい圧迫干渉のなか、農事通信委員の立場で大蔵省に「建言書」を提出するなど、教えの正しさを世の中に訴えようと努めました。

忠三郎さんはそれらの書類を、当時の公文書に用いられた「御家流《おいえ》」という筆遣いで認《したた》めました。墨痕《ぼっこん》鮮やかな筆跡から、その学識の高さを伺うことができます。

娘の眼病をたすけられたこともさることながら、農業に深く関《かか》わった忠三郎さんであればこそ、「おふでさき」や「みかぐらうた」に込められた、農事を台とした教祖の教えに感得するところがあったのでしょう。

❖ ❖ ❖

さて、人間の理性や学識は、往々にして信仰の〝つまずきの石〟となるものです。しかし、より深く真理を追究し体得した人は、そうした理性をも成り立たしめている〝大いなる存在〟に気づくようです。忠三郎さんは、それを単なる知識にとどめず、さらに冒頭の逸話にもあるように、常に〝低い心〟で身をもって実践したのでした。

心のたすけ

近ごろでこそ、教理に感銘して入信するという人も増えてきました。しかし、この教えが始まったころ、教祖《おやさま》のもとへやって来るのは、病気を治してほしい、悩みを解決してほしいという人がほとんどでした。

殊《こと》に、病気が「手引き」となって引き寄せられる人が数多くいました。医療や保険制度などが、まだまだ整っていない時代です。病に苦しむ人々は、良医良薬を求めても効果がなく、神仏への祈願や祈禱《きとう》など、ありとあらゆる手段を講じてもたすからず、藁《わら》にもすがる思いで、教祖のもとを訪ねたのです。不治と診断された病を、教祖におたすけいただいた話は、枚挙《まいきょ》にいとまがありません。

しかし、この教えの根本は、病気を治すことではありません。病の元となる「心を治すこと」にあります。さらに言うならば、人間が生きている限り避けては通れない苦しみとされてきた「生・老・病・死」について、生の根底を明らかにし、「病まず、死なず、弱らず」と、根本のところから解決しようというものです。

❖ ❖ ❖

明治十五年、当時四十歳の山本《やまもと》いさ さんは、年来の足の患いを、足腰がブキブキと音を立てて立ち上がるというおたすけを頂きました。ところがそのあと、手が少し震え、これがよくなりませんでした。少しのことではありましたが、いさ さんにとっては苦になって仕方がありません。

それで、二年後の明治十七年夏、いさ さんは、教祖にお目にかかって、震える手を差し出し、治してくださるようお願いしました。すると、教祖は、

「あんたは、足を救《たす》けて頂いたのやから、手の少しふるえるぐらいは、何も差し支《つか》え

はしない。すっきり救けてもらうよりは、少しぐらい残っている方が、前生《ぜんしょう》のいんねんもよく悟れるし、いつまでも忘れなくて、それが本当のたすかりやで。人、皆、すっきり救かる事ばかり願うが、真実救かる理が大事やで」と仰せになったということです。

（『稿本天理教教祖伝逸話篇』一四七「本当のたすかり」）

病むことによって、「かしもの・かりもの」という人間存在の根底を知り、なんのために人間とこの世界があるのかという真実に目覚めることができます。その意味で、病は「手引き」であるのです。

人間だれしも、苦しみをたすけられた当初は感謝の気持ちでいっぱいでしょう。しかし、歳月がたつにつれ、ありがたさも薄らぎ、ついにはすっかり忘れてしまうものです。ましてや、人間存在の根本に思いを致すことなど棚《たな》上げとなってしまいます。いささんのように、震えというちょっとの不自由があるがゆえに、かえってたすけられた喜びを忘れず、神様の思いを心して歩むことができるのです。

教祖は、いささんに、

「この本を貸してやろ。これを写してもろて、たえず読むのやで」

と、「おふでさき」をお貸しくださいました。いささんは、生家の父に写してもらった「おふでさき」を生涯、いつも読ませていただきました。

手の震えは、このとき以来、少しも苦にならなくなったといいます。

救ける理で救かる

「人たすけたら我《わ》が身たすかる」

というお言葉があります。

人たすけ〝たら〟とありますが、「人をたすけたら、それと引き換えに自分がたすけていただける」、あるいは「自分がたすかりたかったら、まず人をたすけること」と言われているのではありません。この言葉には、もっと深い意味が込められています。

教祖《おやさま》の逸話に、「人たすけたら」を主題とした二つのお話があります。

❖ ❖ ❖

明治八年四月、福井県山東村菅浜《さんどうそんすがはま》の榎本栄治郎《えのもとえいじろう》さんは、娘のきよさんの気の病をたすけていただきたいと願って、お屋敷を訪れました。すると、教祖は、

「心配は要《い》らん要らん。家に災難が出ているから、早《は》ようおかえり。かえったら、村の中、戸毎《こごと》に入《はい》り込んで、四十二人の人を救《たす》けるのやで。なむてんりわうのみこと、と唱えて、手を合わせて神さんをしっかり拝んで廻《ま》わるのやで。人を救けたら我が身が救かるのや」

と仰せになりました。

栄治郎さんが、教祖に言われたとおり国元へ帰ってみると、娘の病も重く、村じゅう病人で、大変なことになっていました。そこで村の方々《ほうぼう》を戸ごとに訪ねて、四十二人の平癒《へいゆ》を願っておたすけにかかったところ、娘さんの病も完治したということです。

（『稿本天理教教祖伝逸話篇』四二「人を救けたら」）

もう一つは、次のような話です。

明治十八年、加見兵四郎《かみひょうしろう》さんと娘のきみさんは突然、目が見えなくなりました。そこで、兵四郎さんの妻つねさんがお屋敷へ代参したところ、教祖は、

「ためしと手引きにかかりているのや程《ほど》に」

「本人が出て来るがよい。その上、しっかり諭してやるで」

と仰せになりました。そこで兵四郎さんが、四里（約十六キロ）の道を妻に導かれてお屋敷へ帰ると、教祖から直々に、元初《もとはじ》まりの話を聞かせていただきました。

お話が終わって気がつくと、兵四郎さんの目はいつとなく、なんとなしに鮮やかとなっていました。また、帰宅すると、娘の目もご守護いただいていました。

しかしその後、兵四郎さんの目は、毎朝八時ごろまではボーッとして遠目は少しもきかず、どのように思案してもよくなりません。翌年の正月、おぢばへ帰った際に、教祖に伺うと、

「それはなあ、手引きがすんで、ためしがすまんのやで。ためしというは、人救けた

ら我が身救かる、という。我が身思うてはならん。どうでも、人を救けたい、救かってもらいたい、という一心に取り直すなら、身上《みじょう》は鮮やかやで」

（同一六七「人救けたら」）

と仰せられました。

教祖が「我が身思うてはならん」と仰せられているところがポイントです。自らの患いや、自分に関《かか》わりのある人の悩み苦しみをたすけていただくには、自分に関わることは忘れなさい。そして、人さまのたすかりを願って心を使い、働きなさい、と諭されているのです。

最初の逸話にしても、榎本栄治郎さんは娘をたすけていただこうとお願いに行ったところが、人をたすけよと言われたわけです。実際、四十二人ものおたすけは、並大抵なことではありません。取りかかったならば、自分のことなど考えている暇《ひま》はないでしょう。この逸話は、短い文章のなかに、人さまにたすかってもらいたい一心になることの大切さを教えています。

一方、あとの逸話では、教祖は加見兵四郎さんに、

「手引きがすんで、ためしがすまんのやで。ためしというは、人救けたら我が身救かる」

と諭されています。

自分の直面する悩みや苦しみをたすけていただくことは、当人にとっては大切なことです。しかし、それはあくまでも教えに導かれるきっかけであって、そこに留《とど》まることなく、人さまをたすけさせていただく「互いたすけの場」に身を置くこと、そこに、この道の信仰の要諦《ようてい》があることを、教祖は教えられているように思います。

互いたすけの場に身を置くということは、他人の悩み、患い、難儀、不自由を捨ておかず、わが事として受けとめることです。他人のたすかりを願うことによって、自らの心が澄まされ、神様の望まれる「成人」を進めることができます。

兵四郎さんはその後、教えられたとおりに、おたすけひと筋に励み、目の不自由をすっきりご守護いただいたということです。

ほこりを払う

人間は、互いに立て合いたすけ合いをして暮らすようにと、親神様によって創《つく》られ、体を貸し与えられています。そして、心だけは自由に使うことを許されました。

しかし人間は、往々にして陽気ぐらしに反する心を使いやすいものです。教祖《おやさま》は、そのような悪《あ》しき心遣いを、吹けば飛ぶような埃《ほこり》にたとえ、分かりやすく教えられました。

具体的に「をしい、ほしい、にくい、かわい、うらみ、はらだち、よく、こうまん」の八つを、ほこりの心遣いとして、反省のよすがとされました。これ以外にも「嘘《うそ》、追従《ついしょう》」や「遠慮、気兼ね」も、使いようによっては悪しき心遣いになるとして挙げられています。

ほこりは、積まないほうがよいのはもちろんです。しかし、どちらかというと、人間だれしも積みやすいようです。次のような逸話があります。

高井猶吉《たかいなおきち》さんは、あるとき教祖から御命を頂いて、お屋敷から南へ三里（約十二キロ）ほどの所へおたすけに出させていただきました。そこで身上《みじょう》の患いについて、お諭しをしていると、先方から「わしはな、未《いま》だかつて悪いことをした覚えはないのや」と、けんもほろろに食ってかかられました。猶吉さんは「私は、未《ま》だ、その事について、教祖に何も聞かせていただいておりませんので、今すぐ帰って、教祖にお伺いしてまいります」と言って、三里の道を走って帰って、教祖にお伺いしました。

するとと、教祖は、

「どんな新建《しんだ》ちの家でもな、しかも、中に入らんように隙間《すきま》に目張りしてあってもな、十日も二十日も掃除せなんだら、畳の上に字が書ける程の埃が積もるのやで」

と、お話しになりました。

猶吉さんが取って返して、この話を先の人に取り次ぐと、なるほどと納得したといいます。

（『稿本天理教教祖伝逸話篇』一三〇「小さな埃は」）

教祖はまた、心のほこりを、綿から糸を縒《よ》って着物に仕立てるまでの工程で、必ず出てくる余計な物にたとえても教えられました。

まず、綿を糸縒車《いとよりぐるま》にかけて糸にするとき、糸にならない綿ぼこりが出ます。

次に、出来上がった糸を機《はた》にかけて布にするとき、機にかからない糸くずが出ます。

さらに、反物に仕上がった布を、衣服に仕立てるとき、裁《た》ち切れや端《はぎ》切れが出ます。

この綿ぼこりや、糸くずや、端切れと同じように、人間の心のほこりも自然と出てくるものだと言われているのです。


（諸井政一《もろいまさいち》『正文遺韻抄』〈道友社〉）


この二つのお話からも分かるように、ほこりは、積みやすいものなのです。教祖は、ほこりを積むなとはおっしゃらず、積みやすいものであるという自覚と、払う努力をするように、と教えられています。

では、ほこりを払うには、どうしたらよいのでしょうか。教祖は、神を「箒《ほうき》」として掃除をしなさいと仰せられました。具体的には、人間をたすける方法として教祖が教えられた「つとめ」を勤めることです。対人関係のなかで使ってしまった悪しき心遣いは、親神様に向かって「あしきをはらうて」と、おつとめを勤めることによって払っていただけるのです。

道は小さい時から

親の信仰を子に伝えるのは、赤の他人へ教えを伝えるよりは簡単なように思われがちです。しかし、親子といえども心はそれぞれのもので、自由に使えるというのが人間のあり方の基本ですから、これまた容易ではないのが現実です。

お道には、すでに入信から何世代も代を重ねている家が少なくありません。もし、これまでに、一家のうちで親、子、孫と切れることなく信仰が続いてきたならば、どれだけの信者の数となっていることでしょう。

道というは、小さい時から心写さにゃならん。（おさしづ 明治33年11月16日）

このお言葉は、お道の信仰は幼少のころから心を掛けて伝えるようにせねばならない、ということを、親をはじめ大人の立場にある者への心得として諭されたものです。

教祖《おやさま》は、親に伴われて帰ってきた子供に、常に親心をもって臨まれました。教祖の親心にふれた子供たちは、教祖を慕わしく思い、その記憶は生涯忘れがたいものとなりました。


今川《いまがわ》ヤスさんは九歳のとき、花疥癬《はなかいせん》という皮膚病を患いました。親に連れられておぢばへ帰ると、教祖はお口で自分の手をお湿《しめ》しになり、その手でヤスさんの全身を、神名を唱えながら撫《な》でてくださいました。翌日、疥癬は跡形もなく治ってしまっていました。

ヤスさんは、子供心に「本当に不思議な神様や」と思うとともに、膿《うみ》にただれた皮膚を少しも厭《いと》われない教祖のお慈悲に感激しました。その感激は成長するとともに、ますます強くなり、生涯忘れず神様のご用をつとめたということです。

（『稿本天理教教祖伝逸話篇』一二九「花疥癬のおたすけ」）

松井忠作《まついちゅうさく》さん（のちの明城《めいじょう》大教会初代会長）は八歳のとき、親に伴われ、三升《じょう》の鏡《かがみ》餅《もち》を背に三里（約十二キロ）の道を歩いて教祖のもとへ帰ってきました。その姿に目をとめられた教祖は、

「よう、帰って来たなあ。子供には重荷やなあ」

と仰せになりました。

忠作さんは、このお言葉を胸に刻んで、生涯忘れず、たすけ一条のご用につとめました。

（同八五「子供には重荷」）

❖ ❖ ❖

山田《やまだ》いくゑさんは誕生満一年のお礼に、両親に連れられてお屋敷に帰った際に、教祖から、

「いとに着物をして上げておくれ」

と、赤衣《あかき》を頂戴《ちょうだい》しました。それからしばらくして、仕立て直した着物の着初《きぞ》めに、また、お礼に参らせていただくと、教祖は、

「一度、豆腐屋（この二日前からお屋敷の前で営業）の井戸を見に行こうと思うてお

れど、一人で行くわけにも行かず、倉橋《くらはし》のいと（いくゑさんのこと）でも来てくれたらと思うていましたが、ちょうど思う通り来て下されて」と仰せられました。教祖はいくゑさんを背負って、井戸を見に行かれました。そして、帰ってくると、

「お蔭《かげ》で、見せてもろうて来ました」

と仰せになったということです。

（同一二二「いとに着物を」）

❖ ❖ ❖

教祖は、わずか一歳の幼子に対しても、子供だからと軽く見るのではなく、このようにお接しになられました。

さらに教祖は、子供に道を伝える大人の心得を、次のような逸話を通してお示しになっておられます。

梅谷梅次郎《うめたにうめじろう》さん（のちの船場《せんば》大教会二代会長）が六歳のころ、父親の四郎兵衛《しろべえ》さん（同初代会長）に連れられてお屋敷へ帰ったときのことです。梅次郎さんは、赤衣を

召された教祖を見て「達摩《だるま》はん、達摩はん」と言いました。

四郎兵衛さんはたいへん恐縮して、次にお屋敷へ帰るときには梅次郎さんを連れていきませんでした。すると教祖は、

「梅次郎さんは、どうしました。道切れるで」

と仰せになられたとのことです。


（同一一七「父母《ちちはは》に連れられて」）


親としては、子供の不用意な言動が教祖への不敬にあたると思ったわけですが、教祖は、親が表面的なことにとらわれて子供の素直な心を理解せずにいると信仰が途絶えてしまう、と諭されているように思います。

以後、梅次郎さんは毎回、父母に連れられて心楽しくお屋敷へ帰り、長じては熱心な信仰者として活躍しました。

このような、教祖の子供に対する思いを心として組織されたのが、天理教少年会です。

「子供は親の背中を見て育つ」ともいいます。身内への信仰の伝達のむずかしさは、

それぞれの家庭での日常生活のなかに、どれだけ信仰が生かされているかが試されているといえるでしょう。

若者を育てる

一九五〇年代、アメリカのハリウッド映画界に、ある青年俳優が颯爽《さっそう》と登場しました。ジェームス・ディーンです。『エデンの東』『理由なき反抗』といった映画で彼が演じた、既成の価値観に反抗する姿は、当時の若者の共感を大いに得ました。

そのころの社会では、若者は大人になる前の未成熟な段階にすぎないとされ、ものを言っても、まともに取り上げてもらえない存在だったのです。

青年心理学が隆盛を見るのも、このころからです。〝疾風怒濤《しっぷうどとう》の世代〟ともいわれるこの時期は、多感なだけに、大人が対応を一歩間違えれば、人生を狂わせることも少なくありません。

お道では、「おさしづ」のなかで「十五才までは親の事情」（明治24年3月12日）と、人は十六歳からは一人前として扱われています。では、何歳までを若者というのでしょうか。

❖ ❖ ❖

よく耳にするのが「五十、六十は洟垂《はなた》れ小僧」「万年青年」という言い方です。しかし、これらの言葉は、対象の年齢を決めるものではありません。また、天理教青年会では四十歳までを会員、婦人会では二十五歳までの未婚の女性を女子青年としています。これも、若者の年齢を厳格に規定するものではありません。同じ年齢でも、役割や立場や能力によって、若者と見られたり、そうでなかったりするというのが実際のところです。

いずれにせよ、未成熟な部分を残し、その分、将来への可能性を秘めている人を指すということでしょう。

❖ ❖ ❖

教祖《おやさま》は、若者たちに、どのように応対なさったのでしょうか。『稿本天理教教祖伝逸話篇』には、教祖が若者相手に力比べをされた逸話が数多く見られます。

上田民蔵《うえだたみぞう》さんは十八歳のとき、教祖から、

「私とおまはんと、どちらの力強いか、力比べしよう」

と言われました。一、二、三のかけ声で、引っ張り合いましたが、民蔵さんがいくら力を入れても、教祖は微動だにしません。民蔵さんは、教祖の力の強さに驚きました。

（六一「廊下の下を」）

あるときは、山沢良蔵《やまざわりょうぞう》さん、為造《ためぞう》さん兄弟が二人掛かりで引っ張りましたが、教祖はビクともしませんでした。それどころか、強く引っ張れば引っ張るほど、二人の手が教祖のほうへ引き寄せられたといいます。為造さんが二十四、五歳のころのことです。

（八〇「あんた方二人で」）

平野辰次郎《ひらのたつじろう》さん（のちの堺《さかい》大教会初代会長）は二十四歳のとき、病弱のところをたすけられて入信しました。ある日、教祖は辰次郎さんに、教祖のお手を握るよう仰せになりました。辰次郎さんが恐る恐る仰せのとおりにすると、

「もっと力を入れてみなされ」

と。そこで力いっぱい握ると、教祖はそれ以上の力で握り返されました。辰次郎さんは恐れ入り、教祖の偉大さにしみじみ感じ入りました。続いて教祖は、

「年はいくつか。ようついて来たなあ。先は永いで。どんな事があっても、愛想つかさず信心しなされ。先は結構やで」

と仰せになったといいます。

（六八「先は永いで」）

ほかにも、剣術指南や船乗り相手に、同じような力比べをされた逸話が伝えられています。

これらはいずれも、教祖が「月日のやしろ」であることを示されたものでしょう。さらには、若者はともすれば、自分の力や考えにとらわれやすく頼りがちで、それが慢心にもつながりやすいことを戒められているようにも思われます。

❖❖❖

こうして絶大な力で神の威厳を示される一方で、教祖はまた、若者たちに温かい態度や言葉でお接しになりました。

抽冬鶴松《ぬくとうつるまつ》さん（のちの大鳥《おおとり》大教会初代会長）は十六歳のとき、胃を患い危篤《きとく》のところを戸板に乗せられて、お屋敷に帰ってきました。

教祖は、

「かわいそうに」

と仰せになると、赤の肌襦袢《はだじゅばん》を脱いで、鶴松さんの頭からお着せくださいました。このとき、鶴松さんは教祖の温《ぬく》みを身に感じるとともに夜の明けたような心地がしたといいます。

その後、鶴松さんは薄紙をはぐように快方へ向かい、一週間のおぢば滞在で全快しました。そして「今もなお、その温みが忘れられない」と口癖《くちぐせ》のように言いながら、一生を道の信仰に尽くしたということです。

（六七「かわいそうに」）

小松駒吉《こまつこまきち》さん（のちの御津《みつ》大教会初代会長）は、コレラをたすけられ入信して間もないころ、教祖にお目通りさせていただきました。すると、お手ずからお守《まも》りを下され、

「年は十八、未《ま》だ若い。間違いのないように通りなさい。間違いさえなければ、末は何程結構になるや知れないで」

と仰せられました。駒吉さんは、このお言葉を自分の一生の守り言葉として通りました。

（一〇三「間違いのないように」）

一人の人間にとって信仰を始めるということは、自分の自由な心を使って、一つの教えを真理であると選び取り、心の拠《よ》り所《どころ》とすることです。その決断は、容易なことではありません。人生経験も知識も乏しい若者にとっては、なおさらです。

鶴松さんや駒吉さんの信仰への決断は、病をたすけられた喜びや教祖の偉大さに感服したこともさることながら、教祖の肌の温もりや、親心に満ちたお言葉という実感

があればこそだったと思われます。

❖ ❖ ❖

若い者寄り来る処厄介《ところやっかい》、世界から見れば厄介。なれど道から厄介ではない。道から十分大切。（中略）年の行かん者我子《わがこ》より大切、そうしたなら、世界からどういう大きい事に成るやら知らん。

（明治26年6月19日）

これは、郡山《こおりやま》大教会の初代会長夫人、平野《ひらの》トラさんの身上《みじょう》願に対する「おさしづ」です。お道がいかに若者に心を注がなければならないかが、うかがえます。

初代会長夫妻は、このお言葉を頂いてのち、お道の子弟を青年として教会でつとめさせるようにしました。彼らはその後、教会の重要な役割を果たす人材として育っていきました。

教会のさまざまなご用を通して若者の成人を促す「青年づとめ」は、いまもお道の若者育成の重要な場となっています。

月のものは花

いまでこそ、月経が不浄であると考える人はいなくなったと思います。しかし近年まで、お産や月経に伴う出血は不浄と見なされ、血穢《けつえ》として忌《い》み嫌われ、女性差別の原因となっていました。殊《こと》に、神事などにおいては、それを理由に女性が携わることを憚《はばか》られたものです。

そんな時代に、教祖《おやさま》は、

「女の月のものはな、花やで。花がのうて（無くて）実がのろうか。よう、悟ってみいや」

「花なしに実のるという事はないで。よう思案してみいや。何も不浄やないで」

と、ある男性信者に仰せになりました。

（『稿本天理教教祖伝逸話篇』一五八「月のものはな、花やで」）

当時は一般に、月経に対する認識は乏しく、単に不浄なものとしか考えられていませんでした。おそらく、その男性も例外ではなかったのでしょう。

教祖は、月経が子供を宿すための大切な備えであることを、「花」にたとえて分かりやすくお示しになられたのです。

月経が不浄と見なされた原因には、経血の扱いが十分でなかったことも挙げられます。昭和三十六年に登場した、漏《も》れない、吸収力のすぐれたナプキンは、商品の見事なネーミングもあって、以後、急速に普及しました。ナプキンの登場によって、女性は月経時でも自由に活動できるようになり、月経に対する世間のイメージも、暗いものから明るいものへと変わっていきました。

しかし一方で、それまで認められていた月経時の休みが取れなくなったという話も耳にします。生理痛には個人差があり、痛みが激しい人は、動くのもままならないといいます。働く女性の場合、職場で生理休暇を申請しにくいというのが、まだまだ現状のようです。

いま一度、教祖が、

「よう、悟ってみいや」

「よう思案してみいや」
と仰せられたお言葉の含蓄《がんちく》を、真剣に悟らせていただき、思案を重ねていきたいものです。

朝起き・正直・働き

飯降伊蔵《いぶりいぞう》さんは生来、正直で働き者で、近所でも評判の真実の人でした。大工を生業《なりわい》とし、仕事ぶりにも定評がありました。元治元年（一八六四年）、妻のおさとさんの産後の肥立ちが悪く臥《ふ》せっていたところをたすけられ、お道に入信しました。

それからの伊蔵さんの、教祖《おやさま》とお屋敷へのつとめぶりは、「誠の人」といわれるほど熱心なものでした。伊蔵さんの発意で始まった「つとめ場所」の建築が、「大和神《おやまと》社」の一件で中断しそうになったときも、一人で責任を持って完成に漕《こ》ぎつけました。

あるとき、教祖は、伊蔵さんの掌《て》に、

「これは朝起き、これは正直、これは働きやで」

と、一粒《つぶ》ずつ三粒の籾《もみ》を載《の》せ、

「この三つを、しっかり握って、失わんようにせにゃいかんで」

と仰せられました。

（『稿本天理教教祖伝逸話篇』二九「三つの宝」）

日常の生き方そのものが、「朝起き・正直・働き」を絵に描いたような伊蔵さんですから、この言葉を心に刻み、一層心がけて生涯守ったことは言うまでもありません。しかし、教祖はなぜ、伊蔵さんにこのお話をなさったのでしょうか。

❖ ❖ ❖

教祖は、「朝起き・正直・働き」について、あるとき伊蔵さんの長女よしゑさんに、次のようにお諭しになっています。

「朝、起こされるのと、人を起こすのとでは、大きく徳、不徳に分かれるで。蔭《かげ》でよく働き、人を褒《ほ》めるは正直。聞いて行わないのは、その身が嘘《うそ》になるで。もう少し、もう少しと、働いた上に働くのは、欲ではなく、真実の働きやで」

（同一一一「朝、起こされるのと」）

「春眠暁《あかつき》を覚えず」といいます。また、寒い日の朝も、なかなか布団から出にくいものです。とくに若い時分は、一分一秒でも寝ていたいというのが心情でしょう。

日本には「早起きは三文《もん》の得」、中国には「早起きは、三つの光（太陽と月と星）を得る」ということわざがあります。いずれも、早起きは効能があると奨励するものです。わざわざ奨励するのは、古今東西を問わず、なかなか早起きできない現実があるからなのでしょう。

「朝起き」と「早起き」は、同じではないと言う人がいます。あらためて「朝」という字を見てみると、お「月」様がお「日」様より大きく見える「十」分ほど「早」い時、とも読めます。まさに朝日が出ようとするころに起きるのが、朝起きといえそうですが、いかがでしょうか。

❖　❖　❖

世の中は一見、「正直者は馬鹿を見る」ように思われます。しかし、ここ数年明らかになってきた官庁や大企業の不正の問題は、嘘に嘘を重ねた結果です。嘘がばれて、優良企業が一転、倒産の憂《う》き目をみています。やはり「正直の頭《こうべ》に神宿る」といわれるように、心正しく生きることです。

正直は、単に心構えばかりではありません。

「聞いて行わないのは、その身が嘘になる」

と教えられるように、日々の実践が大切です。

❖ ❖ ❖

お道では、人間はこの世の中に働くために生まれてきた、といわれています。働くとは「はたはた（傍々）を楽させること」とも教えられています。

人間にとって働くことは、生活していくために必要なことです。しかし「人はパンのみにて生くるものにあらず」です。何のために働くのか、人によって求めるものは違うでしょう。「はたの人を楽させるために働く」と教祖が教えられた、いわばたすけ合いの〝働き〟は、松下《まつした》電器の創業者で「経営の神様」とも讃《たた》えられた松下幸之助《こうのすけ》氏が、お道から取り入れた創業の精神でもあります。

❖ ❖ ❖

さて、先の問いの答えですが、教祖はやはり一粒の籾種を持って、伊蔵さんにこう仰せられています。

「人間は、これやで。一粒の真実の種を蒔《ま》いたら、一年経《た》てば二百粒から三百粒になる。二年目には、何万という数になる。これを、一粒《りゅう》万倍と言うのやで。三年目には、大和《やまと》一国に蒔く程になるで」（同三〇「一粒万倍」）

「朝起き・正直・働き」のお諭しも、この籾をもってお話しになったところがポイントかと思います。しかも、日常実行している伊蔵さんになされてこそ、意味があったのではないでしょうか。

いただきます

食事を頂くとき、皆さんはどうしていますか。手を合わせて「いただきます」と言っていますか。

食欲は人間の欲求のなかでも、生命の維持に必要な、最も基本的で重要なものです。だからといって、ただ食べ物をおなかに入れたらよい、というものではありません。

食事に際しての心得は、世間でもさまざまなものがあります。たとえば、奈良の薬《やく》師《し》寺《じ》には「五観《ごかん》の偈《げ》」というものがあります。

毎年五月五日、薬師寺では玄奘三蔵会《げんじょうさんぞうえ》大祭が営まれています。この法要《ほうよう》で、天理大学雅楽部が伎楽《ぎがく》を演ずるため、同部の顧問として私は毎年、学生とともに参ります。

その際、昼食をいつも写経道場の「五観の間」で頂くのですが、この部屋の床の間に「五観の偈」という食事を頂く心得を記した軸が掛かっています。そこで毎回、お世話くださる僧侶《そうりょ》の方にその解説をお願いし、先に唱えていただき、私たちはそれを復唱してから食事を頂くようにしています。その内容は、次のとおりです。

◎一には、功の多少を計り彼《か》の来処《らいしょ》を量るべし。

（自らの仕事がどれだけできたかを考え、食べ物が食膳《しょくぜん》に運ばれるまでに、自然の恵みとどれだけ多くの人の手を経ているかを考え、感謝すること）

◎二には、己《おの》が徳行《とくぎょう》の全《ぜん》と欠《けっ》と多《た》と減《げん》とを忖《はか》るべし。

（食事を得るに価する行いをしているか否《いな》か反省して、頂くこと）

◎三には、心を防ぎ過《とが》を顕《あらわ》すは三毒《さんどく》に過ぎず。

（出された食事に不足することなく、最高のものとして頂くこと）

◎四には、正《まさ》しく良薬を事として形苦《ぎょうく》を済《すく》わんことを取る。

（食物は、天地の生命を宿す良薬であると心得ること）

◎五には、道業《どうごう》を成《じょう》ぜんが為《ため》なり世報《せほう》は意に非《あら》ず。

（この食事を頂くのは、仕事を全《まっと》うするためである）

禅宗のお寺などでも、字句に幾分の違いはありますが、同じように唱えられているということです。

薬師寺では、このあとに、上下東西南北の六方を、神仏、両親、先生、朋友《ほうゆう》、兄弟、同僚などと名を挙げて礼拝し、「慎《つつし》みと、敬《うやま》いと、感謝の心をもって、いただきます」と付け加えます。前管長の高田好胤《たかだこういん》師は、さらに第二次世界大戦で亡くなった方々、同じ席に列している人のご先祖様を併《あわ》せて拝していました。

さて、お道の者にとっての食事の心得とは、どのようなものでしょうか。

教祖《おやさま》は、

「菜の葉一枚でも、粗末にせぬように」

（『稿本天理教教祖伝逸話篇』一一二「一に愛想」）

と仰せになり、魚や鳥などが出されると、

「食べる時には、おいしい、おいしいと言うてやっておくれ。人間に、おいしいと言うて食べてもろうたら、喜ばれた理で、今度は出世して、生まれ替わる度毎《たびごと》に、人間の方へ近《ちこ》うなって来るのやで」

（同一三二「おいしいと言うて」）

と仰せになりました。常に心得るべきことと思います。

さらに、教えから浮かび上がってくる、いくつかのかどめを次に記します。
◎食べ物を口にするまでに、多くの人の手を経ていることと、それに携わる人々への感謝
◎口にする植物にも動物にも生命があり、その命を頂いていることへの慈しみ
◎食物を食べることができるまでに成長させていただいた天地の恵みへの感謝
◎頂いた食物が消化されて栄養となり、不用なものが排泄《はいせつ》される働きへの感謝

食事は毎日のことゆえ、当たり前のように思いがちですが、お道の者なればこそ、心して頂くよう努めたいものです。

この世は恩の報じ場

人はともすると、自分一人で生きられる、己《おの》が力、わが才能でなんでもできると思いがちです。とくに、若い時分はそうです。

しかし、衣食住をはじめ身の周りのあらゆるものの由来を考え、現れてくる事柄をつぶさに眺《なが》めるならば、実は多くの人に支えられて生きていることに気づくでしょう。「わがのもの」と思っているわが身、わが命そのものも、神様からのかりものなのです。

お道では、「この世は恩の報じ場」と教えられています。人間はこの世に、生まれ変わり出変わりを繰り返して、「親が子となり、子が親となり」、立場を変えて恩返しをしていくのだということです。

親神様は、人間の定命《じょうみょう》を百十五歳と教えられました。この世が陽気ぐらし世界になるならば、だれもがこの年まで生きることができ、その先は心次第で何歳までも置いていただけるといいます。

この百十五歳定命と恩返しについて、私は学生時代、高野友治《たかのともじ》先生から、次のような内容の講義を受けたことがあります。

――人間は、生まれてから学校へ行く七歳までは、親の恩をまるまる受ける。学校へ上がり義務教育の十五歳までは、先生の恩を受ける。学校を卒業し社会に出て、三十歳までは給料に見合うだけの働きがまだできず、社会の恩を受ける。而立《じりつ》の歳《とし》といわれる三十歳を過ぎると、ようやく結婚して子供ができ、親への恩を返すようになる。そして、六十歳の還暦までは、社会への恩を返す。

このように、人生の前半の六十年間は人間社会の恩の報じ合いなのだが、それまで身の内の働きをご守護くだされてきた神様への恩はまだ返していない。そこで、六十歳以後の人生でお返しするのだ――。

（高野友治「115才定命発想の下に」『天理教学研究』17号）

当時はちょうど「動物は、成長が止まる年齢の五倍が寿命である」という説が出されたころで、人間の寿命は百二十歳と推定されていました。その説をもとに、人生を前後半に分けて、このように説明されたのです。

しかし、先生の説では、百十五歳定命ではなく、百二十歳になってしまいます。そのことを問うと、「神様は五年おまけしてくださったのです」と、涼しい顔でお答えになりました。

余談ですが、先生は、記憶力抜群の講義に定評がある一方、ユーモアのセンスも豊かでした。あるとき、兵庫県人はなんでも日本一になるのが好きだという話をされ、「だから、ヒガシマル醤油《しょうゆ》は日本一なのです」とおっしゃいました。これに対して、学生の一人が、「キッコーマンがありますが」と問い返しますと、先生はすかさず、こう答えられました。

「キッコーマンは世界一です」

一瞬、間を置いて、教室が拍手喝采《かっさい》となったことを思い出します。

❖ ❖ ❖

さて、本題に戻りましょう。現代は、学校教育も義務教育の九年間では終わらず、高校はほぼ全入、大学でも大勢の人が学ぶようになりました。その結果、若者のモラトリアム（猶予《ゆうよ》）の期間が長くなり、親や社会への恩はますます重なるばかりです。これでは、定命を百五十歳くらいにしていただかないと、恩返しはできそうもありません。

ともあれ、私たちは、人間社会での恩を返すことは知っていても、神様への恩返しにはなかなか思いが至りません。神様への一番の恩返しは、難儀、不自由している人、困っている人を、たすけさせていただくことであると教えられています。

高野先生ご自身、還暦とともに大学の定年を迎えられてのちは、職を辞し、執筆活動を通して恩返しの道をひたすら歩まれました。

折り合う

人間にはそれぞれ個性があり、感じ方も考え方も違います。そうした人間が寄り集まって、この社会は成り立っていると考えられています。

もし、一人ひとりが自分の意見を主張して譲り合わなければ、社会は成り立ちません。当事者同士で収拾のつかない対立が起きたときに、それを治める方法として考えられたのが、法律や裁判です。

けれども、実際には、他人と意見が食い違っても、裁判沙汰《ざた》になるようなことは、そうありません。それは、「折り合い」をつけることを知っているからです。たとえ自分と意見が違っても、相手の考えを理解するように努め、すべて納得できなくても、あるところで妥協する。つまり、折り合うことは、対人関係を円滑にする人間の知恵なのです。

❖ ❖ ❖

「折り合い」にまつわる逸話として、『稿本天理教教祖伝逸話篇』には、次のような話があります。

大阪で芋《いも》を売りながら布教をしていた泉田藤吉《いずみたとうきち》さん（のちの中津《なかつ》大教会初代会長）は、いつも商売を終えてから夜半におぢばへ帰り、ひと言ふた言お話を聞いては、夜明け前に再び大阪へ戻る生活をしていました。

ある日、いつものようにおぢばへ帰る途中、大阪と大和《やまと》の境にある十三峠《じゅうさんとうげ》で、三人の追い剥《は》ぎに出くわしました。

そのとき、藤吉さんの頭にひらめいたのは、かねてからお仕込みいただいている「かしもの・かりものの理」でした。そこで、藤吉さんは追い剥ぎの言うがままに、羽織《はおり》も着物もみな脱いで、財布をその上に載《の》せ、大地に正座し、こう言って頭を下げました。

「長い間お借りしてありがとうございました。どうぞ、お持ち帰りください」

ところが、藤吉さんが頭を上げてみると、追い剥ぎの影も形もありません。藤吉さんのあまりの素直さに、薄気味悪くなって恐れをなし、何も盗《と》らずに逃げてしまったのでした。

藤吉さんは無事おぢばに到着し、教祖《おやさま》にお目通りいたしました。すると教祖は、こう仰せになりました。

「よう苦労して来た。内々折り合《お》うたから、あしきはらひのさづけを渡す。受け取れ」

こうして藤吉さんは、結構なさづけの理を頂戴《ちょうだい》したのでした。

（一一四「よう苦労して来た」）

藤吉さんは西国巡りの強力《ごうりき》（巡礼者の荷物を持って案内する人）をするほど、体格もよく、腕力も強い人でした。三人の追い剥ぎなど、本当は難なく打ち負かすことができたと思われます。そこを教えの理によって、「内々折り合うた」がゆえに、要《い》らぬ争いもなく、無難に事を収めることができたのです。

❖ ❖ ❖

ここで教祖の仰せられた「内々折り合うた」とは、妥協を伴う対人関係のことではありません。追い剥ぎに立ち向かうか、教えの理で心を治めるか、心の内の葛藤《かっとう》に折り合いをつけ、教えの理に従って心をすっきり治めることを仰せになっていると思われます。

自分に不都合な出来事に遭遇《そうぐう》しても、単に妥協するのではなく、心のなかで本当に折り合うことができたならば、目の前の問題にきちんと対応できるはずです。

たとえば、信仰の道を歩むうえで「素直」であることを望まれるような場面でも、自分の考えを遮断《しゃだん》して、ただ言いなりにそれでよし、とするのは考えものだと思います。内々折り合いをつけ、自分自身で心から納得することが大切なのです。

言葉添え

人間はコミュニケーションの手段として、言葉を自由に操ることができます。そのおかげで、他人と意思の疎通《そつう》を図ることができます。しかし、よく考えてみると、単なる音の連なりにすぎないものが、人の心に影響を及ぼすのですから、不思議です。最初はなんの意味もなかったであろう音の連なりが、使われる過程のなかで価値を与えられ、意味を持つようになってきたのです。

言葉は、その使い方一つで人間関係を良好にも険悪にもします。親神様は、人間の互い立て合いたすけ合いを望まれるうえから、言葉の使い方については、いろいろとお諭しくださっています。

❖ ❖ ❖

教祖《おやさま》はあるとき、桝井伊三郎《ますいいさぶろう》さんに、次のようにお聞かせくださいました。

「内で良くて外で悪い人もあり、内で悪く外で良い人もあるが、腹を立てる、気儘癪《きままかんしゃく》は悪い。言葉一つが肝心。吐《つ》く息引く息一つの加減で内々治まる」

また、

「伊三郎さん、あんたは、外ではなかなかやさしい人付き合いの良い人であるが、我が家にかえって、女房の顔を見てガミガミ腹を立てて叱《しか》ることは、これは一番いかんことやで。それだけは、今後決してせんように」

と、仰せになりました。
伊三郎さんは、女房が告げ口をしたのかしら、と思いましたが、神様は見抜き見通しであると思い返して、今後は一切腹を立てません、と心を定めました。すると、不思議にも、家へ帰って女房に何を言われても、ちっとも腹が立たぬようになったということです。

（『稿本天理教教祖伝逸話篇』一三七「言葉一つ」）

また、あるときには、十代のころから数年間お屋敷の炊事の手伝いをしていた、松《まつ》田《だ》利《り》平《へい》さんの娘やすさんに、こう仰せになっています。
「やすさんえ、どんな男でも、女房の口次第やで。人から、阿呆《あほう》やと、言われるような男でも、家にかえって、女房が、貴方《あなた》おかえりなさい。と、丁寧《ていねい》に扱えば、世間の人も、わし等《ら》は、阿呆と言うけれども、女房が、ああやって、丁寧に扱っているところを見ると、あら偉いのやなあ、と言うやろう。亭主の偉くなるのも、阿呆になるのも、女房の口一つやで」

（同一三二「女房の口一つ」）

❖　❖　❖

このように、他人に面と向かって言う言葉の使い方も大切ですが、もっと大切なのは、陰で使う言葉です。

「おさしづ」にも、

ほんに成程《なるほど》と、口で人に満足さしたて、そうであったかえなあ、真の尋ね合い、言葉添えは真の誠。（中略）蔭《かげ》から言葉を添える道なれど、人々《にんにん》寄り合《お》うた時は、口で旨《うま》い事言うて居《い》て、後でふんと言うてるような事ではならん。

（明治31年12月31日　刻限御話）

と、お諭しくだされ、

この話伝えば治め方、又《また》話し方の理にもなる。

（同）

と、お示しいただいています。

何の恨《うら》みも利害もない人から、嫌《いや》がらせを受けたり、疎《うと》ましく思われたりすることがあります。原因が分かっていれば、解決の方法もあるのですが、全く身に覚えのないことですと、対応しようがありません。そのような悩みを抱えた方から相談を受けたことがあります。私自身、そのような経験をしたことがありましたので、そのときとった方策を伝授いたしました。それは、相手の良いところを見つけて、本人のいないところで、機会あるごとに良いところを褒《ほ》めることです。

その人が早速実行したところ、最悪であった人間関係が好転するのに、それほど日がかからなかったと、喜びの報告を受けました。

かやし

私たち人間は、親神様の人間創造以来、その絶え間ない守護を頂いて生かされています。身の内の守護をはじめ、身の周り、世界、天然自然の守護がこれに当たります。「おふでさき」には、このような普遍《ふへん》的な守護のほかに、特別な守護である「はたらき」について記されています。

「はたらき」の守護には、神のほうから人間への積極的なものと、人間の心に応じて示されるものとがあります。前者は、人間救済のために先回りをしてはたらくとか、夢にまでも知らせる、というものです。これに対して、後者は、人間の心遣いや行いに応じて下さるもので、「おふでさき」では、これを「かやし」と呼んでいます。

しんぢつの神のはたらきしかけたら
せかい一れつ心すみきる　五号 49

はたらきもいかなる事とをもう《思》かな
心うけとりしだいかやしを　五号 50

このかやしなにの事やとをもうかな
みちのりせんり《千里》へだて《隔》ありても　五号 51

この事ハなにをゆうてもをもふても
うけとりしだいすぐにかやしを　五号 52

このかやしなんの事やとをもうなよ
せん《善》あく《悪》ともにみなかやすてな　五号 53

よき事をゆうてもあしきをもふても

そのまゝすくにかやす事なり　五号 54
これからハよき事してもあしきでも
そのまゝすぐにかやしするなり　六号 100

善《よ》いことは善いように、悪《あ》しきことは悪しきように、そのままに「かやし（返し）」てくださるのです。その多くは、心の使い方に応じて返されるわけですが、心にもないことをつい口に出したり、行ったりした場合でも返されます。

❖ ❖ ❖

教祖《おやさま》の三番目の娘であるおはるさんは、櫟本《いちのもと》（現・天理市櫟本町）で鍛冶屋《かじや》をしていた梶本惣治郎《かじもとそうじろう》さんに嫁いでいました。惣治郎さんは「仏《ほとけ》の惣治郎」と呼ばれるほど、村でも評判の心優しい人でした。

ところが、村の寄り合いのとき、少しお酒も入ったせいでしょうか、おはるさんに向かって、心にもなく「おまえのようなものは、去《い》んでまえ」と言いました。すると、それから日もたたずして、おはるさんは亡くなってしまいました。

驚いた惣治郎さんが、教祖に伺ったところ、

「お前の言うとおりにしてやった」

と、仰せになったということです。

この逸話は、「切り口上《こうじょう》」や「捨て言葉」は、おくびにも出してはいけないという戒めになっています。


このように、善いことも悪しきことも、すぐに返してくださるわけですが、「おふでさき」では「人をたすけたいという心に応じたかやし」と「残念のかやし」の二つが多く見られます。

後者の「残念のかやし」は、官憲の無理解によって教えを差し止められることや、教祖のそばの方々が、教祖の身を慮《おもんぱか》るあまり、教えを実行できずに躊躇《ちゅうちょ》していることに対して残念と思われている場合に行われます。これはひとえに、世界一れつの救済を急《せ》き込まれるゆえのことです。一方、前者の「人をたすけたいと願う心と行いに対するかやし」は、人の難儀を放っておけず、たすかってもらいたいと願う心と行いに対す

るかやしで、これこそ、親神様の望まれることです。

かやしは、時間的には「すぐ」「一夜の間」「三日の内」、空間的には「道のり千里隔てありても」現れる、と仰せられています。難儀の種類にもよるのでしょうが、かなり早い時期に、どんな遠いところであっても、効能を見せていただけるのです。

なるほどの人

愛町《あいまち》分教会の初代会長、関根《せきね》豊松《とよまつ》さんは昭和二十六年、七十歳のとき、当時、東海六県で最も優れた宗教家に贈られていた「東海毎日賞」を受賞しました。授賞式には、愛知県知事や名古屋市長をはじめ、各界の錚々《そうそう》たる名士が臨席しました。

会場には、愛町につながる数多くの信者たちが駆けつけました。彼らはみな、豊松さんの晴れ姿に言いしれぬ感激を味わっていました。それは、豊松さんが東京の大森《おおもり》町《まち》支教会（現・大教会）の二代会長を退いて、一布教師として愛知で再出発し、「あんなばかはいない。ばかでなけりゃ、あのまねはできん」と、笑われそしられ疎《うと》んじられた時代を通り抜けて、きょうの日があることを知っていたからでした。

〈渡部与次郎《わたなべよじろう》『続おさしづに学ぶ――朝席のお話』〈道友社〉〉

❖ ❖ ❖

お道の望まれる人間像として、「なるほどの人」という言葉があります。

「なるほど」とは『広辞苑』によると、「①なるたけ。できるだけ。②まことに。いかにも」という意味のほかに、「合点《がてん》がいった時、または相手の話に相づちを打つ時に発する語」として使われる、と記されています。「なるほどの人」とは、一般には「合点がいく人」あるいは「納得できる人」という意味になるようです。

では、お道で使う場合はどうでしょうか。

『改訂 天理教事典』によると、

「まわりから『成程《なるほど》あれでこそ真の信仰者だ』と感心されるような人」

とあります。また、次のような「おさしづ」もあります。

世上から見て成程あれでこそと言う心をめん／＼持ってすれば、日々に皆《み》んな受け取る。（中略）世上から見ては、あれでこそ成程の人や、成程の者やなあという心を持って、神一条の道を運ぶなら、何彼《なにか》の処《ところ》鮮やかと守護《しゅごう》しよう。
（明治23年5月6日）

「世上から見て成程」とは、世間常識から見て感心のできる、いわゆる道徳に適《かな》った人を指していると考えることもできますから、一般の場合と、さして差はないようにも受け取れます。でも、本当にそうでしょうか。

天保《てんぽう》九年（一八三八年）、親神様から、中山《なかやま》みき様を神のやしろとしてもらい受けたいとの要請があったとき、夫・善兵衛《ぜんべえ》様は再三再四、言葉を尽くしてお断りになりました。そのとき、みき様の口を通じて親神様が仰せられたのは、

「誰《たれ》が来ても神は退《しりぞ》かぬ。今は種々《いろいろ》と心配するは無理でないけれど、二十年三十年経《た》ったなれば、皆の者成程と思う日が来る程に」

というお言葉でした。初期の信者が、たすけを願って訪ねてきたときにも、教祖《おやさま》は、

「天理王命《てんりおうのみこと》は、初めてのことなれば、誠にすることは難しかろう。なれど、二十年、三十年経ったなら、成程と思う日が来る」

と仰せられています。〝普通の考えからすれば納得できないだろうが、二十年、三十年という年限がたったなら、心底合点がいく〟というのです。

たしかに、神のやしろとなられてからの教祖のご行動は、貧に落ちきられたこと一つをとっても、常人の理解できるところではなく、かえって侮蔑嘲笑《ぶべつちょうしょう》、罵詈雑言《ばりぞうごん》の対象となりました。それが、二十年、三十年という年限がたち、たすけに与《あずか》る人が多く出てきて、世間の人にも「成程」と納得ができるようになったのです。

この道を信仰する者はだれしも、教祖の通られた道をひながたとして歩もうとするとき、自分がそれまで持っていた常識と教えの間で葛藤《かっとう》します。あるいは、周囲の人々との間に摩擦《まさつ》が起きます。そこを確固たる信念で、変わることなく年限を重ねることにより、冒頭の豊松さんのように、周囲からも「成程」と納得され、感心してもらえる日が来るのです。

つまり、世間の常識に対する一切の否定があって、そのあとに、心から「成程」と得心がいく――これが、お道の「なるほどの人」の大切な点かと思います。

誠の心の理が成程という理である。

（おさしづ　明治21年11月11日）

とも、お示しいただくところです。

まつり

おぢばでは、一月と十月の二十六日には大祭が、それ以外の毎月二十六日には月次祭がつとめられています。

二十六日は、おつとめがまだ神名を唱えるだけだった時分から「ご命日」と呼び習わされ、お屋敷に参拝者が集まっていました。二十六日に、おつとめが勤められるのは、教祖《おやさま》が神のやしろとなられた立教ゆかりの日であり、人間創造のときの約束の年限が到来した日であるからです。各地の教会やそれに準ずる所でも、それぞれ毎月、日を決めて、月次祭がつとめられています。

教祖は二十六日の意味合いについて、山中《やまなか》こいそさんに、

「まつりというのは、待つ理であるから、二十六日の日は、朝から他《ほか》の用は、何もす

るのやないで。この日は、結構や、結構や、と、をや様の御恩を喜ばして頂いておればよいのやで」

と、お聞かせくださいました。

（『稿本天理教教祖伝逸話篇』五九「まつり」）

「まつり」という言葉は、神仏を奉る《たてまつ》「まつる」の連用形が名詞化したものといわれていますが、「まつある（待有）」も語源の一つと考えられています（『名言通』）。先の教祖のお言葉は、まさに「まつある」心構えを示されるものといえそうです。

山中家は、早くから入信しており、こいそさんも親とともに教祖のもとを訪ねては、教えを受けておりました。明治十一年、こいそさんは二十八歳の正月より、教祖のもとでお仕えすることになりました。主に、教祖のお髪《ぐし》を上げることなど身の周りのお世話と、教祖にお召しいただく「赤衣《あかき》」を縫《ぬ》うことを日課としていました。

この年の四月二十八日、陰暦三月二十六日、おつとめの勤められるまつりの日のことです。

こいそさんは、お掃除など準備をすませ、まだ時間があったので、「教祖、朝早くから何もせずにいるのは、あまり勿体《もったい》のう存じますから、赤衣を縫わしていただきとうございます」とお願いしました。教祖は、しばらくお考えになってから、

「さようかな」

と仰せられて、反物《たんもの》をお裁《た》ちになられ、こいそさんにお渡しくださいました。

こいそさんは、喜んで早速縫いにかかりましたが、一針二針縫ったところで、突然、目の前が真っ暗になり、見えなくなってしまいました。こいそさんは驚いて「教祖」と叫びながら、「勿体ないと思うたのは、かえって理に添わなかったのです。赤衣を縫わしていただくのは、明日のことにさしていただきます」と、心に定めると、また元どおり、目が見えるようになりました。

あとで、このことを、こいそさんが教祖に申し上げると、教祖は、

「こいそさんが、朝から何もせずにいるのは、あまり勿体ない、と言いなはるから、裁ちましたが、やはり二十六日の日は、掃《は》き掃除と拭《ふ》き掃除だけすれば、おつとめの他《ほか》は何もする事要《い》らんのやで。してはならんのやで」

と、仰せになりました。

（『稿本天理教教祖伝逸話篇』五九「まつり」）

こいそさんにしたなら、赤衣を縫うことも神様の大切なご用のはずです。しかし、教祖は、おつとめのほかは何もする必要がない、それどころか「してはならん」とまで仰せになっているのです。

「掃き掃除、拭き掃除」は、まつりのための準備と考えられます。

世界各地には、数多くの宗教儀礼があります。いずれの儀礼でも、祭りに関《かか》わる人は早い時期から精進潔斎《しょうじんけっさい》をし、さまざまな段取りを整え、本番に備えているものです。

本教のおつとめは、世界一れつをたすける重要な祭儀です。おつとめの練習や準備はもちろんのこと、おつとめの勤められるべきその日のあり方を、いま一度見つめ直したいものです。

高う買うて、安う売る

神戸市にある兵神《へいしん》大教会の礎《いしずえ》となった先人の一人に、冨田伝次郎《とみたでんじろう》さんという人がいます。伝次郎さんは、長男の米太郎《よねたろう》さんが胃病で命も危《あや》ういところをたすけていただき、そのお礼に初めておぢば帰りをしました。

教祖《おやさま》は、伝次郎さんに、

「あんた、家業は何をなさる」

と、お尋ねになりました。伝次郎さんが「はい、私は蒟蒻屋《こんにゃくや》をしております」とお答えすると、教祖は、

「蒟蒻屋さんなら、商売人やな。商売人なら、高《たこ》う買《こ》うて安う売りなはれや」

と仰せになりました。そして、なおも続けて、

「神さんの信心はな、神さんを、産んでくれた親と同《お》んなじように思いなはれや。そしたら、ほんまの信心が出来ますで」

と、お教えくださいました。

教祖のお言葉ですから、伝次郎さんは、そのときは畏《かしこ》まって聞いていたのですが、「高う買うて、安う売る」の意味が、あとでどう考えても分かりません。そんなことをすれば、損をして商売にならないように思われます。

そこで、当時お屋敷におられた方に、このことを尋ねました。すると、道の先輩であるその方は、次のように諭されました。

「問屋《といや》から品物を仕入れるときには、問屋を倒さんよう、泣かさんよう、比較的高う買うてやるのや。それを、今度お客さんに売るときには、利を低うして、比較的安う売ってあげるのや。そうすると、問屋も立ち、お客も喜ぶ。その理で、自分の店も立つ。これは、決して戻りを喰《く》うて損することのない、共に栄える理である」

これを聞いて伝次郎さんは、初めて、なるほどと得心がいったということです。

（『稿本天理教教祖伝逸話篇』一〇四「信心はな」）

このお話を糧《かて》に商売を生業《なりわい》としているお道の方は大勢います。「米屋《よねや》の羊羹《ようかん》」の創業者である諸岡長蔵《もろおかちょうぞう》さんもその一人です。顧客を大切にするのは常道ですが、諸岡さんは顧客とともに元方《もとかた》（製造者、卸《おろし》問屋）をも大切にしました。

（山本素石《やまもとそせき》『己れに薄く、他に厚く』〈立風書房〉）

ところで、伝次郎さんは、お屋敷に同道した実母の藤村《ふじむら》じゅんさんとともども、おたすけに奔走《ほんそう》し、播州《ばんしゅう》一帯にこの教えが伸び広がるもととなりました。

誠の心

明治十六年、この年の夏は全国的に雨が少なく、日照り続きで、農作物に深刻な影響が出ました。殊《こと》に、大きな川のない大和《やまと》は旱魃《かんばつ》の被害を受けやすく、農家にとっては死活問題でした。

お屋敷の周辺も例外ではなく、田んぼはひび割れ、稲がいまにも枯れそうなありさまでした。困り果てた村人たちのたっての願いで、教祖《おやさま》が教えられた「雨乞《あまご》いづとめ」が勤められたことが、『稿本天理教教祖伝』に記されています。

このころ、伊豆七条村《いずしちじょうむら》（現・大和郡山《こおりやま》市伊豆七条町）で農業を営んでいた桝井伊三郎《ますいいさぶろう》さんは、毎日お屋敷に詰めて、田畑のお世話をしていました。その日も、いつものようにお屋敷で農作業に精を出していると、家から使いの者がやって来ました。

「村では、田の水かいで忙しいことや。村じゅう一人残らず出ているのに、伊三郎さんは、ちょっとも見えん、と言うて喧《やかま》しいことや。ちょっとかえって来て、顔を見せてもらいたい」

伊三郎さんは、かねてから「わが田は、どうなっても構わん」と覚悟していましたので、「せっかくやが、かえられん」と、あっさり返事して、使いの者を帰してしまいました。しかし、そのあとで、「この大旱魃に、お屋敷へたとえ一杯の水でも入れさせてもらえば、こんな結構なことはない、と、自分は満足している。しかし、そのために、隣近所の者に不足させていては、申し訳ない」と思い返し、「ああ言うて返事はしたが、一度顔を見せてこよう」と、教祖の御前《おんまえ》へごあいさつに伺いました。

するど、教祖は、

「上から雨が降らいでも、理さえあるならば、下からでも水気《すいき》を上げてやろう」

と、お言葉を下されました。

伊三郎さんが村へ戻ってみると、村じゅうは、野井戸の水かいで、昼夜兼行の大騒動でした。そこで伊三郎さんは、奥さんのおさめさんとともに田へ出て、夜遅くまで水かいをしました。その水は、一滴もわが田へは入れず、人さまの田ばかりへ入れました。

自分の家の田はというと、おさめさんが、かんろだいの近くの水溜《た》まりから水を頂いてきて、それにわが家の水を混ぜて、朝夕一度ずつ、日に二度、藁《わら》しべで田の周囲へ置いて回っておりました。

それから数日後のことです。夜の明けきらぬうちに、おさめさんが田の見回りに行くと、不思議なことに、水一杯入れた覚えのないわが田一面に、地中から水気が浮き上がっていました。おさめさんは、教祖のお言葉をあらためて思い出し、なるほど仰せどおり間違いはない、と深く感銘しました。

その年の秋は、村じゅうは不作であったのに、伊三郎さんの家では、応分の収穫をお与えいただいたということです。

（『稿本天理教教祖伝逸話篇』一二二「理さえあるならば」）


教祖が仰せられた「理さえあるならば」とのお言葉は、いわば、天理に適《かな》うならばということでしょう。伊三郎さんの、わが身どうなっても人を思いやる「誠の心」が、神様のお心、天理に適ったものと思います。

神様が望まれているのは「人さまにたすかってもらいたい」という心で、これを「誠の心」「真実の心」「誠真実」ともいわれています。この心が神様の受け取るところとなり、珍しい、不思議なたすけ（救済）に与《あずか》ることができるのです。

大きなたすけ

日本人の平均寿命は現在、男女とも世界一を誇っています。その背景には、第二次世界大戦後に、それまで死亡率の高かった結核が克服されたことと、乳幼児の死亡率が下がったことがあるといわれています。

かつて、お産が「女の大役」といわれ、母親が命を落とすことも少なくなかった時代には、それと同じく、赤ん坊を無事に育て上げるのも容易ではありませんでした。

産後に母乳が出ない場合は、なおさらでした。当時はまだ、ヤギやウシなどの動物乳を飲ませる習慣も、粉ミルクもない時代です。せいぜい、米のとぎ汁を飲ませるのが関の山でした。

しかし、よくしたもので、お乳の出ない人もあれば、余るほど出る人もあります。そこで、多く出る人に子供を預ける「貰《もら》い乳」の習慣が生まれました。

教祖《おやさま》も「月日のやしろ」となられる以前、近所の家の子供を預かって育てられたことがあります。その子が疱瘡《ほうそう》にかかり、わが子わが身の命を捧《ささ》げてまで八百万《やおよろず》の神々にたすけを願われた話は、よく知られるところです。

『稿本天理教教祖伝逸話篇』には、大和国《やまとのくに》永原村《ながはらむら》（現・天理市永原町）の岡本《おかもと》シナさんが子供を預かり、乳を与える話が記されています。

それは明治十四年、シナさんが二十六歳のときのことでした。ある家から、長男が生まれたが乳が出なくて困っている、預かってほしい、との依頼がありました。

シナさんは、夫の善六《ぜんろく》さん（のちの旭日《あさひ》大教会初代会長）との間に七人の子供を授かりました。しかし、無事に育ったのは、長男の栄太郎《えいたろう》さんと末女のカンさんの二人だけで、あとの五人は夭折《ようせつ》したり、流産したりしていました。そんなわけで、そのつど母乳が余る、やむを得ない事情があったからでしょうか、かねてからお乳の与えのない子のお世話をしていたものと思われます。

　そのとき、シナさんの乳は出なくなっていたので断ったのですが、先方は「そこをどうしても」と言います。思案に余ったシナさんは「それなら、教祖にお伺いしてから」と返事をして、すぐさまお屋敷へ向かいました。そして、教祖に事の次第を申し上げたところ、教祖は次のように仰せられました。

「金が何《な》んぼあっても、又《また》、米倉に米を何んぼ積み上げていても、直《す》ぐには子供に与えられん。人の子を預かって育ててやる程の大きなたすけはない」

　そこでシナさんは、乳が出なくなったことを打ち明け、「それでもお世話できましようか」と伺うと、

「世話さしてもらうという真実の心さえ持っていたら、与えは神の自由《じゅうよう》で、どんなにでも神が働く。案じることは要《い》らんで」

とのお言葉がありました。

　岡本家は代々嫡男《ちゃくなん》が育たず、養子を迎えていました。善六さんが初めて育った長男

で、これも信仰のおかげと喜んでいました。ところが、前述のように善六さんとシナさんの間には子供が育たず、頼みの長男、栄太郎さんがこの二年前、熱病で命も危ないところをおたすけいただいたのです。

先方の悩みを、わが事と受けとめたシナさんは、神様にもたれる心を定め、「お世話させていただく」と、先方へ返事をしました。その後の経過について、逸話篇には次のように記されています。

早速、小路村《しょうじむら》から子供を連れて来たが、その子を見て驚いた。八カ月の月足らずで生まれて、それまで、重湯《おもゆ》や砂糖水でようやく育てられていたためか、生まれて百日余りにもなるというのに、やせ衰えて泣く力もなく、かすかにヒイヒイと声を出していた。

シナが抱き取って、乳を飲まそうとするが、乳は急に出るものではない。子供は癇《かん》を立てて乳首をかむというような事で、この先どうなる事か、と、一時は心配した。

が、そうしているうちに、二、三日経《た》つと、不思議と乳が出るようになって来た。そのお蔭《かげ》で、預かり児《ご》は、見る見るうちに元気になり、ひきつづいて順調に育った。その後、シナが、丸々と太った預かり児を連れて、お屋敷へ帰らせて頂くと、教祖は、その児《こ》をお抱き上げ下されて、

「シナはん、善《よ》い事をしなはったなあ」

と、おねぎらい下された。

（八六「大きなたすけ」）

世の中には、いろいろな理由から、実の親に育ててもらうことのできない子供がいます。そんな子供たちのために、欧米ではフォスターペアレント、日本でいう里親の制度があります。

お道では「一れつきょうだい」の教えの実践として、教会がその役を担っています。また教会本部には、明治四十三年に設立された「天理養徳院」があります。開設に当たって、初代真柱・中山眞之亮《なかやましんのすけ》様は、

「人の子も我子《わがこ》もおなしこゝろもて　おふしたてゝよこのみちの人」

と歌に託して、子供の世話に携わる者の心得を諭されました。

人の子を預かって育てることの大切さ、そして、それを「大きなたすけ」と仰せになっている教祖のお言葉。いま一度、心したいものです。

菜の葉一枚

経済活動において、生産と消費のバランスが大切なことは、だれもが承知しています。原始時代の狩猟《しゅりょう》採集社会でも、農耕社会でも、あるいは動物の社会を見ても同じことがいえます。

ところが、産業革命によって大量生産が可能となって以来、このバランスが崩れてしまいました。工業技術の発達による生産性の向上は、必要以上に物を作りだしてしまうという結果をもたらしたのです。

そこで現れたのが「消費は美徳」という、おぞましい考え方です。少しでも具合が悪くなったなら、修理などせずに新しい物に買い換える。新製品が出たなら、まだ使える物でも捨てて新しい物に買い換える。こうしたことをよしとする風潮は、物を大切にしないで平気で使い捨てる心を育ててしまいました。

さらに、こうした考え方は、物のみにとどまらず、人にも、思想にも及びました。会社では、すぐ役に立つ人がもてはやされ、少し時代にそぐわなくなった人は窓際に追いやられるのはまだしも、リストラの名のもとに失業の憂《う》き目に遭《あ》っています。また、お年寄りが家族のなかで疎外されてしまうのも、元はといえば、効率のみを考える現代社会を反映しているように思います。

教祖《おやさま》は、

「菜の葉一枚でも、粗末にせぬように」

と仰せになりました。食卓に上がったものは、一粒《つぶ》の米も、いとおしむように頂かれたのです。

「すたりもの身につくで。いやしいのと違う」

とも仰せになりました。（『稿本天理教教祖伝逸話篇』一一二「一に愛想」）

人が見向きもしなくなったものを、もの本来の価値を見極めて活《い》かすことの大切さを教えられたものと思います。

あるときには、皺《しわ》のいった小さな紙を膝《ひざ》の上で伸ばしながら、

「こんな皺紙でも、やんわり伸ばしたら、綺麗《きれい》になって、又《また》使えるのや。何一つ要《い》らんというものはない」

と仰せになっています。（同六四「やんわり伸ばしたら」）

実際、教祖は、一枚の紙も反故《ほご》やからとて粗末になさらず、おひねりの紙なども、ていねいに皺を伸ばして、座布団の下に敷き、ご用にお使いになったとのことです。

また、奈良の監獄署へ御苦労くだされたときには、反故になった罫紙《けいし》を差し入れてもらってコヨリを作り、それで網袋をお作りになりました。そして、お供していた仲《なか》田儀三郎《たぎさぶろう》さんに、

「物は大切にしなされや。生かして使いなされや。すべてが、神様からのお与えもの

やで。さあ、家の宝にしときなされ」
とのお言葉とともに、その袋をお下げくださいました。
（同一三八「物は大切に」）

便利で快適な生活のために、生産効率ばかりを追い求めてきた現代人の歩みは、その一方で、公害や人間疎外をもたらしました。最近、その反省から、自然や生活環境に対しても注意を払うようになり、人々の意識も変わりつつあります。

神様のお与えである自然の恵みを大切に使わせていただくことや、人間生活に適した姿でお与えいただいている地球環境を保全することに心を配るようになったのは、喜ばしいことです。

いま一度、教祖の「菜の葉一枚」を大切にする心に学びたいものです。

木綿の心

教祖《おやさま》は、人間の心のあり方を、いろいろなたとえをもって、お教えくださいました。

明治五年、お屋敷から約十六キロ離れた東若井《ひがしわかい》村《むら》（現・生駒《いこま》郡平群《へぐり》町若井）に住む松《まつ》尾《お》市《いち》兵衛《べえ》さんは、長男・楢蔵《ならぞう》さんの病で悩んでおりました。右足の関節に大きな腫《は》れ物ができて、身動きできない状態だったのです。それを耳にされた教祖は、七十五日間の断食の最中にもかかわらず、楢蔵さんのおたすけに出向かれ、松尾家に十三日間ご滞在になりました。次の話は、そのときのものです。

ある朝のこと、市兵衛さんと妻のハルさんは、いつものように正装で、教祖にごあいさつに伺いました。すると、教祖は、

「あんた達二人とも、わしの前へ来る時は、いつも羽織《はおり》を着ているが、今日《きょう》からは、普段着のままにしなされ。その方が、あんた達も気楽でええやろ」

と仰せになりました。二人が恐縮して頭を下げると、

「今日は、麻と絹と木綿の話をしよう」

と前置きされて、次のような話をされました。

「麻はなあ、夏に着たら風通しがようて、肌《はだ》につかんし、これ程涼《すず》しゅうてええものはないやろ。が、冬は寒うて着られん。夏だけのものや。三年も着ると色が来《く》る。色が来てしもたら、値打ちはそれまでや。濃い色に染め直しても、色むらが出る。そうなったら、反故《ほうぐ》と一しょや。

絹は、羽織にしても着物にしても、上品でええなあ。買う時は高いけど、誰でも皆、ほしいもんや。でも、絹のような人になったら、あかんで。新しい間はええけど、一寸《ちょっと》古うなったら、どうにもならん。

そこへいくと、木綿は、どんな人でも使《つこ》うている、ありきたりのものやが、これ程重宝《ちょうほう》で、使い道の広いものはない。冬は暖かいし、夏は、汗をかいても、よう吸い取る。よごれたら、何遍《なんべん》でも洗濯が出来る。色があせたり、古うなって着られんようになったら、おしめにでも、雑巾《ぞうきん》にでも、わらじにでもなる。形がのうなるところまで

使えるのが、木綿や。木綿のような心の人を、神様は、お望みになっているのやで」

市兵衛さんとハルさんは、教祖のお言葉に深く感じ入りました。

（『稿本天理教教祖伝逸話篇』二六「麻と絹と木綿の話」）

そして、ご滞在十日目の朝のことです。いつものように、市兵衛さん夫婦が、教祖にごあいさつに伺うと、

「神様をお祀《まつ》りする気はないかえ」

と、お言葉がありました。市兵衛さんが承知をして、「どこへ祀らせていただけばよろしゅうございましょうか」と伺ったところ、教祖が指さされたのは仏壇のある場所でした。そこは先祖代々の仏間だったので、夫婦は驚きましたが、互いに顔を見合わせ、うなずき合うと、仏壇をどこへ動かせばよいかを伺いました。すると、教祖は、

「先祖は、おこりも反対もしやせん。そちらの部屋の、同じような場所へ移させてもらいや」

と、以前客間に使っていた部屋へ移すよう仰せになりました。

夫婦は早速、大工を呼んで、仏壇の移転を始めました。お坊さんの大反対はあった

ものの、無理矢理、念仏を上げてもらって夜には移転を終え、次の日から大工四人がかりで神床《かんどこ》づくりに取りかかり、翌日の夕方には無事、完成に漕《こ》ぎつけました。

翌朝、夫婦がごあいさつに伺うと、教祖は新しく出来上がった神床の前にジッとお座りになって、

「ようしたな。これでよい、これでよい」

と仰せになりました。その後、楢蔵さんの病室へ赴《おもむ》かれ、枕《まくら》もとにお座りになり、

「頭が痒《かゆ》いやろな」

と仰せになって、ご自分の櫛《くし》をとって、楢蔵さんの髪をゆっくりお梳《す》きになりました。

そして、お部屋へ戻られると、

「今日は、吉《よ》い日やな。目出度《めでた》い日や。神様を祀る日やからな」

とおっしゃって、ニッコリ笑われました。

ちょうどそのとき、折よく松尾家にやって来た教祖の長男・秀司《しゅうじ》先生に、教祖は御《ご》幣《へい》を作るよう命じられ、出来上がると御《おん》みずからの手で神床へ運んでご祈念くださり、

「今日から、ここにも神様がおいでになるのやで。目出度いな、ほんとに目出度い」

と、心からお喜びになって、お屋敷へ帰られたのでした。（同二七「目出度い日」）

この一連の逸話は、教祖が市兵衛さん夫婦に木綿の心を諭されたあとに、先祖代々受け継いできた仏壇を移して神棚《かみだな》を設けられたところが、注目すべきところかと思います。

当時はどこの家でも、仏壇は家の中心となる部屋に設けられ、日々の勤行《ごんぎょう》や、事あるごとに先祖の供養《くよう》が行われていました。その仏壇を移すことには、いささか抵抗があっても不思議ではありません。ましてや、市兵衛さんは養子の身でしたから、なおさらです。檀那寺《だんなでら》との関係もあります。とかく、もめごとのもとになるものです。洒落《しゃれ》ではありませんが、「もめん」の心は、何にでも対応できてもめることのない、柔らかな心を意味していると思います。市兵衛夫妻がこのことを心に治め、お寺との折り合いをつけたことも、想像にかたくありません。

その後、楢蔵さんの病はすっきり癒《い》やされました。市兵衛さん夫婦は以後、心に木綿の二字を刻み込み、生涯、木綿以外のものは身につけなかったということです。

心の皺を伸ばす

私たち人間は、親神様から自由に使うことを許されている心一つによって、うれしく楽しく、陽気に暮らすことができます。反対に、病に伏し、事情に悩むなど難儀、不自由をかこち、泣きながら暮らすこともあります。

どちらかというと、人間は身勝手な心を使いやすく、その結果、かりものであるわが身を損《そこ》なったり、夫婦、親子、兄弟姉妹、友人、知人、隣人との関係を損なったりしがちです。それが知らず識《し》らずのうちに習い性となり、癖《くせ》、性分となっていきます。

教祖《おやさま》は、人間のこうしたありさまを、皺《しわ》のよった紙にたとえられ、「心の皺」と仰せになりました。

「皺だらけになった紙を、そのまま置けば、落とし紙か鼻紙にするより仕様《しよう》ないで。これを丁寧《ていねい》に皺を伸ばして置いたなら、何《な》んなりとも使われる。落とし紙や鼻紙になったら、もう一度引き上げることは出来ぬやろ。

人のたすけもこの理やで。心の皺を、話の理で伸ばしてやるのやで。心も、皺だらけになったら、落とし紙のようなものやろ。そこを、落とさずに救《たす》けるが、この道の理やで」

（『稿本天理教教祖伝逸話篇』四五「心の皺を」）

癖、性分が、心のなかで幅を利《き》かせていると、身を患っているときにはそれを癒《い》やすことも、人と接する場面ではコミュニケーションを円滑に進めることも、ままなりません。時には、事業や商売にも影響を及ぼします。また、悪事に走り、罪を犯す人もあるでしょう。

教祖は、

「人間の反故《ほうぐ》を、作らんようにしておくれ」

（同一一二「一に愛想」）

と戒められ、皺のよった心を、神様の真実なる話によって、伸ばしてくれるように、と諭されました。

いかな悪逆非道でも、罪を憎んで人を憎まず、心の皺を伸ばすことが大切なのです。

紙の皺にも、より方の違いがあるように、人間の心の皺も、それぞれ異なります。

親神様の人間創造に始まり、いかに生きるべきかに至る人間存在の根本の話を、その人の気根に応じて、紙の皺を伸ばすようにていねいに伝えることが、たすけとなるのです。

天が台、天のしんは月日

お道に導かれる以前に別の信仰を持っていた人は、いまも昔も多いことと思います。教祖《おやさま》から直接教えを受けた先人たちも、もとは仏教の信者であり、産土神《うぶすながみ》の信者でもありました。家に何か事が起こると、ご利益《りやく》があると信じられていた神々や拝み所を巡り、祈禱《きとう》してもらっていました。その延長線上で、「安産の生き神様」の評判を聞きつけて、教祖のもとを訪ねるようになったのです。

そうした人たちに、教祖はいつも、

「えらい遠廻《ま》わりをしておいでたんやなあ。おかしいなあ。ここへお出《い》でたら、皆《み》んなおいでになるのに」

(『稿本天理教教祖伝逸話篇』一〇「えらい遠廻わりをして」)

（『稿本天理教教祖伝』第三章「みちすがら」）

と仰せになりました。あるときは、

「八方の神が治まる処《ところ》」

とも仰せになっています。

取次《とりつぎ》の人を仕込まれた「こふき話」では、月日両神をはじめ、人間創造にあたって使われた道具雛型《ひながた》それぞれに与えられた神名に、仏教や、民間信仰に見られる仏菩薩《ぶつぼさつ》や神々をあてて、裏守護として説明されています。また、人間創造にあたって三度の宿し込みをなされたあとに産み下ろされた場所を、それぞれ「一宮、二墓、三原（原寺）」と教えられました。

「産土神は、人間を一に生み下ろし給《たま》いし場所である。産土の神に詣《まい》るは、恩に報ずるのである」

（「説話体十四年本喜多《きた》本」中山正善《なかやましょうぜん》『こふきの研究』〈道友社〉）

と、当時の人たちに身近な鎮守《ちんじゅ》の神をないがしろにせず、詣ることの大切さを説いておられます。これは墓所も、また、お寺も同じです。

「人詣るにより、威光増すのである。人詣るにより、守《も》りしている人は、立ち行くのである」

とも仰せになりました。

旬刻限《しゅんこくげん》の到来により、親神様が表に現れて、ご自身の存在と、この世人間世界についての真実の話を説かれるようになって、八方の神の治まる所として、ぢばが明らかにされました。教祖は、

「社《やしろ》にても寺にても、詣る所、手に譬《たと》えば、指一本ずつの如《ごと》きものなり。本《もと》の地《じ》は、両手両指の揃《そろ》いたる如きものなり」

と、本地垂迹説《ほんじすいじゃくせつ》を利用してお説きになりました。さらに、

「この世の台は、天が台。天のしんは、月日なり」

と仰せになり、

「何の社、何の仏にても、その名を唱え、後にて天理王命《てんりわうのみこと》と唱え」

と、お諭しになりました。

（『稿本天理教教祖伝逸話篇』一七〇「天が台」）

このことは、船場《せんば》大教会初代会長、梅谷四郎兵衛《うめたにしろべえ》さんが、教祖にお聞かせいただいた話です。

皆、吉い日

世間では、結婚式などのお祝い事は、仏滅、先負《せんぶ》を避けて大安を選び、葬儀など忌《い》み事は友引《ともびき》を避けるのを常としています。この習慣はもともと、中国の暦に由来するものですが、日本に伝わって以後、独自の展開をして、人々の生活を長く律してきました。

『日本書紀』によれば、中国から日本に暦が伝わったのは仏教伝来時の天皇として知られる欽明《きんめい》天皇のころといいますから、六世紀の中ごろになります。百済《くだら》から、暦を作る〝暦博士〟がやって来たそうです。

実際に使われるようになったのは、それからもう少しあとの「大化《たいか》の改新」のころで、天文や占いなどをつかさどる役所である「陰陽寮《おんみょうりょう》」に、暦を管理する専属の役人が置かれるようになりました。

平成十五年二月、奈良県明日香《あすか》村の石神《いしがみ》遺跡から大量の木簡《もっかん》が出土し、そのなかに持統《じとう》天皇六年（六九二年）のころの暦を記したものが見つかり、話題を呼びました。これは、中国は南北朝の宋《そう》代にできた「元嘉暦《げんかれき》」と呼ばれるもので、実物が見つかったのは、世界で初めてのことでした。

この元嘉暦には、日付を表す十干十二支《じっかんじゅうにし》とともに、日の吉凶が記されていました。飛鳥《あすか》時代には、人々はすでに、物事を行うのに日を選んでいたのです。

日の善《よ》し悪《あ》し、吉凶、禍福《かふく》を知ることは、国を治める者にとって重要なことでした。ちなみに、「聖《ひじり》」という言葉は、「日知り」に由来するといわれます。

日を選ぶ習慣は古来、東洋のみならず、西洋でも行われてきました。そのことは、十三日の金曜日を忌み嫌うところからも分かります。

❖ ❖ ❖

教祖《おやさま》は、

「不足に思う日はない。皆、吉《よ》い日やで。世界では、縁談や棟《むね》上げなどには日を選ぶが、皆の心の勇む日が、一番吉い日やで」

と、教えられました。そして、それぞれの日がいかに吉い日であるかを、次のようにお示しになりました。

一日　はじまる
二日　たっぷり
三日　身につく
四日　仕合《しあ》わせようなる
五日　りをふく
六日　六だいおさまる
七日　何《な》んにも言うことない
八日　八方ひろがる
九日　苦がなくなる
十日　十ぶん
十一日　十ぶんはじまる
十二日　十ぶんたっぷり
十三日　十ぶん身につく

二十日　十ぶんたっぷりたっぷり　（以下同）
二十一日　十ぶんたっぷりはじまる
三十日　十ぶんたっぷりたっぷりたっぷり　（以下同）

続いて、

「三十日は一月《ひとつき》、十二カ月は一年、一年中一日も悪い日はない」
と、お諭しになりました。（『稿本天理教教祖伝逸話篇』一七三「皆、吉い日やで」）

いずれも数え歌のように、大方は韻《いん》を踏んでいる語が選ばれています。

一日は数字の「一」の意味。二日は「二つ」の「フタ」と、「たっぷり」という語がもともと、満ちている様を表す「たふたふ」に由来しているところからかと思います。

五日は「みかぐらうた」の一下り目五ッと同じく「りをふく」です。「リ」の母音

「イ」によるものと考えられます。

六日の「六だい」は、仏教用語の「六大」、すなわち「地・水・火・風・空・識」の根本要素とも考えられますが、身の内と世界に働く神様のご守護を表す「ろくだい」と考えたほうがよいかと思います。

どの日をとっても悪い日は一日もなく、吉い日なのです。大切なことは、「皆の心の勇む日が、一番吉い日」と仰せになっているところです。

心は、自由に使うことを許されている「我《わ》がの理」であります。しかし、何か事を起こす場合、一人の都合を押しつけると、うまくいかないのは道理です。

一つの事柄や、目標に向かって、一人ひとりの心が寄り合い、皆が勇むことが、何につけても大切なことなのです。そうすることによって、その日が吉い日になることは間違いありません。

目に見えん徳

教祖《おやさま》はあるとき、山中《やまなか》こいそさんに、

「目に見える徳ほしいか、目に見えん徳ほしいか。どちらやな」

と、お尋ねになりました。

こいそさんは「形のある物は、失《うしの》うたり盗《と》られたりしますので、目に見えん徳頂きとうございます」と答えました。

（『稿本天理教教祖伝逸話篇』六三「目に見えん徳」）


徳は本来、目に見えないものです。しかし、現れてくる姿や現象を通して知ることができます。時には、物や金など形ある物となって見ることができる場合もあります。

こいそさんは、そのような目に見える徳ではなく、見えない徳を望みました。それは、思うことが思うようになる徳、つまり、人に神様の話を聞いてもらい、たすかってもらえる徳のことだと思われます。

世間でも「陰徳を積む」といいますが、どれくらい積めたか、目で確かめることはできません。ゆえに、人間は時に不安になるものです。
韓国の釜山《プサン》で信仰していた梅崎梅吉さんが、病を得て「おさしづ」を伺ったときのことです。

人間という、一代切《ぎ》りと思うたら何の頼りも無い。尽《つく》し切りという、何をしたんやらと思う。なれど、そうやない。尽した理は将来末代の理に治まり、何か日々の処《ところ》皆受け取りてある。（明治39年1月12日）

と、お言葉がありました。そして、この「おさしづ」を本人に伝えるために出張する人に対して、次のようにお諭しになっています。

運んだ一つ理、こうのう陰徳々々。この事情忘れんよう。他《た》にも一つ諭すよう。（同）

この「おさしづ」では、お道のために思って心を尽くし運んだ者は、神様が受け取られ、その人一代のみならず末代まで、徳として備わってくることを示されています。私たちも安心して、日々、目に見えん徳を積ませていただけるよう努めたいものです。

真実のお供え

一瞬も休まず働いておられる親神様、そのご守護を頂いて生を楽しむことができる私たち人間。借り主に感謝することに、し過ぎるということはありません。

神仏への祈願やご加護に対する感謝の気持ちは、一般に供え物という形で表されます。供え物は金銀財宝から、作物や狩猟《しゅりょう》採集した山海の珍味など、さまざまです。時には労働の対価として得た、金銭による場合もあります。神仏が供え物を食することや、金銭を使用することはありませんが、供えた人の真心を受けとめられると信じているのです。

教祖《おやさま》の逸話に、次のような話があります。

中山家が、親神様の命によって、貧のどん底にあったころのことです。ある年の暮れに、一人の信者さんが立派な重箱にきれいな小餅《こもち》を入れて、「これを教祖にお上げしてください」と持ってまいりました。教祖のおそばに仕えていた末女のこかん様が、

早速、教祖にお目にかけたところ、教祖はいつになく、

「ああ、そうかえ」

と、仰せになっただけで、一向にご満足の様子ではありませんでした。

それから二、三日して、また、一人の信者さんがやって来て、「これを、教祖にお上げしていただきとうございます」と言って粗末な風呂敷包みを出しました。中には、竹の皮に包んだほんの少しばかりの餡餅《あんもち》が入っていました。こかん様が、教祖にお目にかけると、教祖は、

「直《す》ぐに、親神様にお供えしておくれ」

と、非常にご満足であらせられたといいます。

これは、あとになって分かったことですが、先の信者さんは相当に裕福な家の人で、正月の餅を搗《つ》いて余ったので、お上げしようと持参したのでした。あとの信者さんは貧しい家の人でしたが、ようやくのことで正月の餅を搗くことができたので、「これも、親神様のおかげだ。何はおいてもお初《はつ》を」と、その搗き立てのところを持ってきたのでした。

教祖には、二人の心が、それぞれちゃんとお分かりになっていたのです。

こういう例はたくさんあって、その後、多くの人々が、時々の珍しいものを、教祖に召し上がっていただきたい、と持参するようになりましたが、教祖はその品物よりも、その人の真心をお喜びくださるのが常でありました。

そして、なかに高慢心で持ってきたようなものがありますと、そばの者に勧められて、たとえそれをお召し上がりになっても、

「要《い》らんのに無理に食べた時のように、一寸《ちょっと》も味がない」

と、仰せられたといいます。

（『稿本天理教教祖伝逸話篇』七「真心の御供《おそなえ》」）

「おさしづ」にも、
さあ頼もしい〳〵心供えば受け取る〳〵。泣く〳〵するようでは神が受け取れん。百万の物持って来るよりも、一厘《りん》の心受け取る。

（明治35年7月20日）

と、お諭しになっています。

できそうで、できないのが、真心のお供えです。〝おたすけの名人〟で喜び上手で

あった柏木庫治《かしわぎくらじ》さん（東中央《ひがしちゅうおう》大教会初代会長）は、自分のお世話する信者さんに「泣く泣くでも持ってきなさい。わしが神様に届けるときには、にこにこして供えるから」と言われた、と聞いたことがあります。さすがは名人です。

働く

長時間の通勤ラッシュに耐え、朝早くから夜遅くまで、あくせく仕事をしていると、なぜ働いているのだろうかと、ふと考えることがあるのではないでしょうか。

これは、何のために生きているのか、という人間にとっての根本的な問いと並んで、切実な問いかけです。いまの仕事を天職と思い、生き生きと働いている人はともかく、家族を養い、生活のために働いている人にとって、労働を苦役《くえき》と感ずるのも、ゆえないことかもしれません。

日本では近年まで、親の職業を子供が継ぐのは当たり前のように考えられてきました。これは、いま与えられている職業を天職と考え、聖職であるとする労働観に由来しています。

これに対して、ユダヤ・キリスト教の伝統では、労働は、神が人間に科した罰《ばつ》であるという考えが根底にあります。したがって、週に一度の聖日（ホリデー）は働かなくてもいいとか、一定の年齢になれば退職するというような考えが出てきたのです。

もちろん、社会学者のマックス・ウェーバーが、資本主義社会を形づくる重要な要素として指摘したように、キリスト教のプロテスタントの信徒たちのなかには「職業とは神から与えられるものであり、それに従事することで救われる」とする召命意識《しょうめいいしき》によって働いている人が多くいることも確かです。しかし、これはいわゆるホワイトカラー（事務労働者）の話で、額《ひたい》に汗し、手にまめをつくって働くブルーカラーのことではないといいます。

日本では、古くから働くことはよきこととして、神話や民話の世界で語り継がれてきました。また「一日作《な》さざれば、一日食らわず」という禅《ぜん》の教えや、心学道話《しんがくどうわ》として江戸時代に普及した儒教倫理によって、生活の糧《かて》としての労働の大切さが説かれ、人々に受け入れられてきました。

そのような時代に、教祖《おやさま》は、

「人間は働くためにこの世に生まれてきたのや」

と仰せられ、

「働くというのは、はたはたの者を楽にするから、はたらく（註、側楽・ハタラク）と言うのや」

（『稿本天理教教祖伝逸話篇』一九七「働く手は」）

と教えられました。

わが身、わが事のために働くのではなく、人さまのために働くというのです。

さらに、こうもお諭しになっています。

「世界中、互いに扶《たす》け合いするなら、末の案じも危なきもない。仕事は何《な》んぼでもあるけれども、その仕事をする手がない家もあれば、仕事をする手は何んぼでもあるが、する仕事がない家もある。

奉公すれば、これは親方のものと思わず、蔭日向《かげひなた》なく自分の事と思うてするのやで。秋にでも、今日《きょう》はうっとしいと思うたら、自分のものやと思うて、莚《むしろ》でも何んでも始末せにゃならん。

蔭日向なく働き、人を助けて置くから、秋が来たら襦袢《じゅばん》を拵《こしら》えてやろう、何々してやろう、というようになってくる。こうなってくると、双方たすかる。同じ働きをしても、蔭日向なく自分の事と思うて働くから、あの人は如才《じょさい》ない人であるから、あの人を傭《やと》うというようになってくる。こうなってくると、何んぼでも仕事がある。

この屋敷に居《い》る者も、自分の仕事であると思うから、夜昼、こうしよう、ああしようと心にかけてする。我《わ》が事と思うてするから、我が事になる。ここは自分の家や、我が事と思うてすると、自分の家になる。蔭日向をして、なまくらすると、自分の家として居《お》られぬようになる」

(同)

互いに立て合い、たすけ合う一つの姿が、働くことなのです。

また、人さまのために働くことは、

「もう少し、もう少しと、働いた上に働くのは、欲ではなく、真実の働きやで」

(『稿本天理教教祖伝逸話篇』一一一「朝、起こされるのと」)

とも仰せになっています。

扇子一対

桝井伊三郎《ますいいさぶろう》さんと西尾《にしお》ナラギクさんが結婚したのは、明治九年のことでした。

二人の縁を取り持ったのは、教祖《おやさま》でした。二人とも伊豆七条村《いずしちじょうむら》の人で、早くからお屋敷に出入りしており、お互いによく知った間柄でした。そのうえで、教祖が二人の真実を見定めての縁談でした。

伊三郎さんは元治元年（一八六四年）、十五歳のとき、危篤《きとく》状態の母親をたすけていただきたい一心で、家からお屋敷までの五十町（約五・五キロ）の道のりを、三度往復しました。教祖に、

「せっかくやけれども、身上《みじょう》救《たす》からんで」

と言われながらも、やむにやまれずに運んだ三度目、

「救からんものを、なんでもと言うて、子供が、親のために運ぶ心、これ真実やがな。真実なら神が受け取る」

（『稿本天理教教祖伝逸話篇』一六「子供が親のために」）

一方、ナラギクさんは明治七年、十八歳のときに、お屋敷で熱心に糸紡《いとつむ》ぎの用をしていたところ、教祖から、

「ナラギクさん、こんな時分には物のほしがる最中であるのに、あんたはまあ、若いのに、神妙《しんびょう》に働いて下されますなあ。この屋敷は、用事さえする心なら、何《な》んぼでも用事がありますで。用事さえしていれば、去《い》のと思ても去なれぬ屋敷。せいだい働いて置きなされや。先になったら、難儀しようと思たとて難儀出来んのやで。今、しっかり働いて置きなされや」

（同三七「神妙に働いて下されますなあ」）

と、お言葉を頂いています。

結婚となりますと、結納に始まり、何かと形式を重んじる大和《やまと》のことです。仲人が何かと計らうわけですから、両家ではそのことを教祖にお伺いしました。教祖は、

「こっちから（結納金を）やったら、また向こうも（結婚の支度を）心配せんならん。そんなことしな（してはならない）。扇子《せんす》一対」

と仰せになりました。両家はお言葉に従い、扇子を交換しました。

お祝いは、当時、教祖のお居間となっていた中南《なかみなみ》の門屋の西の十畳の間で行われました。固めの盃《さかずき》を交わしたのち、教祖は、二人の手をとって、

「これでおさまったので、おさめや」

と仰せになりました。ナラギクさんは、おさめと改名いたしました。

この例に習い、お道の結婚式では、教祖にお供えしたお神酒《みき》を頂き、夫婦固めの盃を交わします。ちなみに衣装は、新郎新婦ともに、おつとめ衣《ぎ》を着けます。高島田《たかしまだ》に結《ゆ》った鬘《かつら》をかぶることはいいようですが、角隠《つのかく》しはつけません。「どうせ角があるなら隠さずに」という二代真柱・中山正善《なかやましょうぜん》様のお言葉によるものだと聞いたことがあります。夫婦となるのだから、包み隠さずありのままに、ということだと教えていただきました。

伊三郎さんが結婚した翌年の三月、今度は、伊三郎さんの妹マスさんが、教祖のお言葉に従って、前栽村《せんざいむら》（現・天理市前栽町）の村田亀松《むらたかめまつ》さんと結婚することになりました。

その月の二十六日、桝井の家からは、いろいろとご馳走《ちそう》をつくって重箱に入れ、母

のキクさんと、伊三郎さん・おさめさん夫婦と、マスさんの四人が、お屋敷へ帰ってきました。

前栽からは、味醂《みりん》をはじめ、いろいろなご馳走を入れた重箱を持って、亀松さんの親である幸右衛門《こうえもん》さん・イヱさん夫婦と、当時二十六歳の亀松さんが、お屋敷へ帰ってきました。

中南の間で、まず教祖にお盃を召し上がっていただき、そのお流れを、亀松さんとマスさんが頂戴《ちょうだい》しました。このときマスさんは、教祖からすまと名前を頂いて、改名しました。亀松さんも、のちに幸助《こうすけ》という名前を頂いています。

（『稿本天理教教祖伝逸話篇』五〇「幸助とすま」）

❖　❖　❖

冠婚葬祭は、なにかと物入りです。頂いた分に見合うお返しを考えるのも、なかなか大変なことです。お返しの品が嵩《かさ》の大きなものであればよい、という所もあるようです。このごろは、カタログのなかから選ぶようになって、少しは簡便になりましたが、欲しいものがない、ということもあるようです。

二代真柱・中山正善様は、ご自身の結婚のお祝い金をもって、子弟扶育《ふいく》教養のための「一れつ会」を設立されました。冠婚葬祭や記念祭などのお返しを、この基金に充《あ》てるよう呼びかけられ、今日では毎年、何千人という子弟の奨学資金として給付されています。これも、教祖の扇子一対の精神から生まれてきたものと思われます。

伏せ込み

お道では、結果を求めず真実つとめることを「伏せ込む」、あるいは「伏せ込み」といい、尊ばれています。

「伏せ込む」も「伏せ込み」も、辞書には出てきません。おそらく「伏せる」と「込む」からなる造語と思われます。

ちなみに『広辞苑』の「ふせる」と「こむ」の項には、それぞれ次のように記されています。

【ふせる】「①うつむくようにする。うつぶせにする。②からだを横にさせる。寝かせる。③倒す。下に押しつける。④物をさかさまにする。裏返しに置く。⑤潜《ひそ》ませる。かくす。⑥覆《おお》いかぶせる。かぶせて捕《と》える」

【こむ】「内部へ内部へとものごとが入り組んで密度が高まる意。①物が多く入り合う。混雑する。輻湊《ふくそう》する。②細密にわたる。複雑に入り組んでいる。ややこしい。③（他の動詞の連用形に付いて）(ア)何かの中に入る、または、入れる意を表す。(イ)すっかりそうなる意を表す。(ウ)みっちり、または十分にそうする意を表す。④「のみ込む」の略。承知する」

おそらく「伏せ込む（み）」は、「ふせる」の「⑤潜ませる、⑥覆いかぶせる」と、「こむ」の「③の(イ)すっかりそうなる、(ウ)みっちり、十分にそうする」という意味が合わさってできたものと思われます。

この言葉は、実際には「〇年間、教会に伏せ込んだ」とか「すっかり財産を伏せ込んだ」というふうに使われます。

「おさしづ」では、伏せ込みの具体的な姿として、飯降伊蔵《いぶりいぞう》さんが、教祖《おやさま》のもとへ通い、心を尽くされたこと、また、のちに家族とともに、お屋敷へ移り住んでつとめたことを指しています。

飯降伊蔵さんは元治元年（一八六四年）、妻のおさとさんが産後の肥立《ひだ》ちが悪くて臥《ふ》せっていたところ、お道の最初の神殿ふしんである「つとめ場所」の建築に携わりました。大工であったところから、お道の最初の神殿ふしんである「つとめ場所」の建築に携わりました。

この建築の棟《むね》上げのお祝いにと、大豆越村《まめこしむら》（現・桜井市《さくらいし》大豆越）の山中忠七《やまなかちゅうしち》さん宅へ出かける途中、大和《おやまと》神社の門前でおつとめをしたところ、大和《やまと》一国の神職取り締まりの守屋筑前守《もりやちくぜんのかみ》が祈禱《きとう》中であったため、不届きであると留め置かれる事件（大和神社のふし）がありました。

これ以後、信者が恐れをなしてお屋敷へ寄りつかなくなり、つとめ場所の建築も滞《とどこお》ってしまいました。そのような中を、飯降伊蔵さんはただ一人通いつづけ、竣工《しゅんこう》に漕《こ》ぎつけたのです。

また、お屋敷には、住まいとて十分な建物がない時分に、伊蔵さん一家は、教祖の命によって櫟本《いちのもと》の自宅を引き払い、お屋敷づとめに専従するようになりました。何かと不自由ななかを喜び勇んで通られた姿は、まさに伏せ込みの模範といえましょう。

現代は、何かにつけ自己主張をしなければ損をするようにいわれます。人目につかぬように物や金銭を供え、身を尽くす行いは、なかなかできるものではありません。しかし、種は土の中に埋めねば芽生えぬように、真実の心尽くしも、隠されてこそ種となり、芽を出し、花も実もつけるようになるのです。

言わん言えんの理

以心伝心、お互いに語らずとも分かり合えることがあります。大方は「魚心《うおごころ》あれば水心《みずごころ》」といったところでしょうか。「目は口ほどにものを言う」ともいいます。恋人同士は、言わずもがなでしょう。

しかし、今日の一般の風潮は、このような奥床《おくゆか》しいものではなくなってきているようです。言いたいことを言わなければ損と、自己主張が全盛の時代です。

人には、言いたい、言わなければならない、けれども言えないということがあります。言いにくい理由はいろいろありますが、多くの場合、言ったことによって相手に迷惑がかかったり、その人との人間関係が思わしくなくなることを慮《おもんぱか》ってのことです。思っていること、言いたいことを、しかも言えないでいることを、言わなくとも、察して分かってくれたなら、これほどうれしく、ありがたいことはありません。人の上に立って仕事をしている人ならば、なおさらでしょう。

神様も、おさづけの理を渡されるときに、生涯の理を諭される「おさしづ」のなかで、こう仰せられています。

難し事は言わん。どうせこうせもこれは言わん。言わん言えんの理を聞き分け。

（明治22年2月26日　山田安治郎二十六才、ほか多数）

この教えをしっかり心に治めるなら、おのずと神様が望まれる日常の通り方が分かってくるというのです。このお諭しは、今日では「おかきさげ」として、おさづけの理を頂戴《ちょうだい》したときに頂いています。

教祖《おやさま》の高弟の一人である辻忠作《つじちゅうさく》さんに、次のような話があります。

忠作さんの長男は、忠作さんの跡を継いで豊田村《とよだむら》（現・天理市豊田町）で農業を営んでおりました。その弟は、奈良で金物屋をしていました。年の瀬も押し迫ったある日、忠作さんがお屋敷の朝づとめを終えて家に戻ると、長男が火鉢《ひばち》の前で額《ひたい》を抱えて鼻をあぶっています。

「どこか悪いのか」と尋ねると、「どこも悪くはない」。

「心配事でもあるのか」と聞いても、「いや、何もない」。

「では、お天気もよいから、農仕事に行けばよいではないか」と言うと、「さあ」と答えるばかりで、やはり鼻をあぶっています。親として放ってもおけないので、思案してみると、大晦日《おおみそか》の支払いのことで気を病んでいるに違いないと思い至りました。

そこで、奈良の弟に融通《ゆうずう》してもらおうと、忠作さんは二里余りの道をテクテク歩いていきました。しかし、着いてみると、弟は朝から頭痛で赤い顔をして寝ていて、嫁が水枕《みずまくら》に水を入れているところでした。

「実は、兄が大晦日の支払いで心配をしているらしい。わしにはまだ何も言わんが、百両ぐらい足らんらしい。とにかく融通はできないだろうか」と、それだけの言葉が、忠作さんには言えませんでした。

「十分、養生するがよい」

息子にそう言葉を掛け、嫁には「十分世話をしてやってくれるよう」と言ったまま帰ってきました。

帰ると、長男は布団をかぶって寝ているではありませんか。忠作さんは、その足で再び奈良に向かいました。しかし、弟の頭痛はさらにひどくなり、水では間に合わず、氷で頭を冷やしています。忠作さんは、またもや何も言わずに帰ってきて、今度は自分も火鉢にもたれて鼻をあぶりはじめました。

ほとほと思案に暮れていると、奈良から使いが来て、一通の封書を忠作さんに渡しました。弟の病気が重くて、早く来てくれとの頼み状かと思って封を切ると、嫁からの手紙と金五十両が入っていました。忠作さんの喜びようは言うまでもありません。

おかげで兄も弟も、それから元気になり、よい正月を迎えることができたのでした。

「言わん言えんの理を聞き分けるなら、何かの理も鮮やかという」のは、こうした理合いであると、忠作さんは語っています。

（上川米太郎《かみかわよねたろう》「おさづけ私感」『みちのとも』昭和9年5月20日号）

また、同じく教祖の高弟である増井《ますい》りんさんにも、次のような逸話があります。

ある日、お屋敷に大きな魚がお供えされました。その料理を任されたりんさんは、魚をさばく出刃庖丁《でばぼうちょう》が見あたらないので、教祖の長男、秀司《しゅうじ》先生に尋ねると、「おりんさん、出刃かいな。台所に大きな菜刀《ながたん》があるやろ。あれで料理しておくれ」とのことでした。

出刃がないとはあまりのことと思い、りんさんはある日、お暇《ひま》を願って大阪・河内《かわち》の自宅へ戻り、出刃庖丁と薄い刺身《さしみ》庖丁と鋏《はさみ》など一揃《そろ》いを買って、お屋敷へ帰り、お土産《みやげ》に差し上げました。

秀司先生も奥さんのまつゑさんも大層喜んで、秀司先生は「こんな結構なもの、お祖母様《ばあさま》に見せる。一しょにおいで」と、りんさんを促しました。教祖にお目にかかって、留守にしたお礼を申し上げると、教祖は、それを頂かれて、

「おりんさん、何から何まで、気を付けてくれたのやなあ。有難《ありがた》いなあ」と仰せになり、お喜びくだされたとのことです。

(『稿本天理教教祖伝逸話篇』四六「何から何まで」)

私たちがつながるそれぞれの教会でも、やれ、ふしんだ、記念祭だということになると、何かと物入りです。そんなときこそ、会長さんの日々の姿が現れてくるのでしょうが、忠作さん同様に、なかなか「お供えを」とは言いだせないものです。お互い、言わん言えんの理を悟れるようになりたいものです。

「私が天理教」

口で言うことに行いが伴って初めて、信仰者といえましょう。「教えは素晴らしいのだが、信仰しているあの人を見たなら、どうも……」というのでは、なんとも情けない話です。「教えは分からないが、あの人の姿を見ていると、きっと素晴らしいものに違いない」と言われてこそ、お道の信仰者の値打ちでしょう。

伝道史の取材のためにインドへ行ったときのことです。現地の多くの方々が信仰しているヒンズーの教えには、天理教で説く教えの要素も含まれています。

「なのに、なぜ、あなたは天理教の信者となったのですか?」と、ある方に問いかけました。すると即座に、こんな答えが返ってきました。

「ヒンズーには素晴らしい教えがあるにはあるのですが、だれも身に行っていません。天理教の人は、実践しているからです」

二代真柱・中山正善《なかやましょうぜん》様は、あるとき、「天理教はどういう教えか、簡単に説明してみよ」と質問されました。そこで人々は、それぞれいろいろと、自らの思っているところを答えましたが、満足されませんでした。そして、

「私が天理教です。と言えるようになりたいものやなあ」

と、しみじみと仰せになったといいます。〈天理大学宗教文化研究所編『真実の道』〈道友社〉〉

「天理教とは、どんな教えですか?」と尋ねられたなら、胸を張って「私を見てください」と言えるようになりたいものです。

「子供が分からんのやない」

知っている者が、分かっていることを、知らない者に説き、分かってもらうのは、むずかしいものです。分かっている人にとっては、相手がなぜ分からないのかが、分からないからです。

知っていることと、教えることとの間には、大きな差があります。よく、スポーツの世界で「名選手、必ずしも名コーチにあらず」といわれるとおりです。

相手の納得がいくように教えを説くことは、簡単なようで、容易ではありません。親神様の教えが、人間の言葉で言い尽くせない面があるのも、理由の一つかもしれません。しかし、その多くは、話す者に聞いてもらえる徳、聞く者に聞かせてもらえる徳があるか否《いな》かにかかっているといいます。

中川徳蔵《なかがわとくぞう》さんは、大阪・堺筋《さかいすじ》で薬屋を営んでいました。健忘症をたすけられて、お屋敷へ参り、教祖《おやさま》にお目通りいたしました。教祖は、徳蔵さんが、店の前に立って物を乞《こ》う人に、金銭を与えるのが少しも惜しい気がせず、たとえ一文《もん》か二文でも、何かやらずには気が済まず与えていたのを見抜き見通しで、

「一文、二文と、困るものに恵んでやってくれる心は、天の月日は、うれしうて、うれしうて、あつく御礼をいいますぞ」

と仰せられました。徳蔵さんは、歌のような、それでどこか威厳《いげん》のこもった、この教祖のお言葉に、もやもやした頭が拭《ぬぐ》われたような身の軽さを覚え、説明のつかぬ気持ちで震えたとのことです。


このお言葉の前に、おそらく取次《とりつぎ》の人に諭されたものと思いますが、

「どんなわからんものにも、丁寧《ていねい》に教えてやってくれよ」

と仰せになったとのことです。

（天理大学宗教文化研究所編『真実の道』〈道友社〉）

教祖は、

「分からん子供が分からんのやない。親の教《おしえ》が届かんのや。親の教が、隅々まで届いたなら、子供の成人が分かるであろ」

と繰り返し、お諭しになったといいます。

（『稿本天理教教祖伝逸話篇』一九六「子供の成人」）

修行

信仰を深め、心を養うために、多くの宗教には、決められた修行があります。なかには命がけのものもあり、実際に命をなくした人もいます。

天台宗の開祖、最澄《さいちょう》が定めたとされる「山家学生式《さんげがくしょうしき》」には、多くの行が記されています。十二年間、人と会わず、ひたすら読経《どきょう》とお堂の清掃に明け暮れ、それゆえ〝掃除地獄〟と称される「籠山行《ろうざんぎょう》」、七年かけて、千日間比叡《ひえい》の山を駈《か》け、路傍《ろぼう》の仏に祈る「千日回峰《かいほう》」などは、よく知られるところです。厳しい修行ですから、誰彼《だれかれ》ができるものではありません。満行した人の数は限られています。

「千日回峰」の獣道《けものみち》を、雨の日も風の日も毎日休むことなく歩きつづけるのも、なかなかのことですが、さらに七百日が過ぎて行われる「堂入り」は、九日間もの間、飲まず、食わず、眠らず、休まずと、人間の限界に挑む凄絶《せいぜつ》な行です。

一滴の水も口にしないので、新陳代謝が行われず、死臭を発するようになるといわれています。しかも不眠不休で、読経と、一日一度、井戸水を汲《く》んで、不動明王《ふどうみょうおう》に捧《ささ》げなければなりません。この世において、一度死んで生まれ変わる「死と再生」の秘儀といえましょう。

ちなみに、重湯《おもゆ》から始めて二十七日間かけて普通の食事に戻すそうですが、身体《からだ》が元に戻るには百二十日かかるといわれています。

「天理教の修行は何ですか?」と問われることがあります。天理教には、決められた修行はありません。難儀な人、不自由な人を見て、放ってはおけず、その人のたすかりを願い、たすけの場に身を投じることが、修行と言えば言えるかもしれません。

大阪で行商をしながら熱心に布教していた泉田藤吉《いずみたとうきち》(通称・熊吉《くまきち》)さんは心が倒れかかると、われとわが心を励ますために水垢離《みずごり》を取っていました。

厳寒の深夜、淀川《よどがわ》に約二時間ほど浸《つ》かり、堤に上がって身体を乾かすのに、手拭《てぬぐい》を使っては功能がないと、身体が自然に乾くまで風に吹かれていました。北風は、身を切られるように痛いものです。我慢してこれを三十日ほど続けました。

また、天神橋《てんじんばし》の橋杭《はしぐい》につかまって、一晩、川の水に浸《つ》かっていたこともありました。ある日、藤吉さんがおぢばへ帰って、教祖《おやさま》にお目にかかったとき、教祖は、「熊吉さん、この道は、身体を苦しめて通るのやないで」と、お言葉がありました。藤吉さんは、かりものの身上《みじょう》の貴さを、身に染《し》みて納得させていただいたといいます。

(『稿本天理教教祖伝逸話篇』六四「やんわり伸ばしたら」)

教祖ご自身、三十日、三十八日、七十五日と、長期の断食を三度行われています。一切の穀類《こくるい》を断ち、少々の味醂《みりん》と生野菜を食されただけといいます。七十五日の断食は明治五年、教祖七十五歳のときです。三十日たったころ、約十六キロ離れた東若井村《ひがしわかいむら》の松尾市兵衛《まつおいちべえ》宅へ歩いてお出かけになっています。七十五日が過ぎたとき、三斗樽《とだる》に水を張り、これを楽々と運ばれたと伝えられています。

これらの行動は、教祖が「神のやしろ」であることを目《ま》の当たりに示されたことには違いありませんが、それればかりではないように思われます。このところ断食といえば、ガンジーに倣《なら》い、何かに抗議して行われたり、はたまた健康法の一つとして行われたりします。教祖の場合は、そのようなことでもないようです。

教祖の行いは、万人の「ひながた」（模範、見本）ですから、おそらく断食も何らかの模範を示されていることと思われます。しかし、藤吉さんへのお言葉では、教祖は身を痛めての修行は奨励されていません。たすけの場に身を置くことを一番に考えているからでしょう。

生を維持するために、食は必要不可欠なものです。それを断つということは、ある意味で生の否定です。もちろん東北の出羽《でわ》三山の一つ、湯殿山《ゆどのさん》に伝わる即身成仏《そくしんじょうぶつ》も、食を断つことにより、死を迎えることにほかなりません。死と再生、身体を極限状態に置くことによって見えてくる精神世界に意味があるように思います。

それゆえ、具体的に悩み苦しむ人々のたすけを願って、布教の最前線にいる人は、断食をし、水垢離を取るという実態があります。その行為を通じて、おたすけにかかる人自身が、着実に成人へと向かっていくのではないでしょうか。

教会

どの宗教にも、礼拝の場所があります。

キリスト教の教会、仏教の寺院、イスラム教のモスク、ユダヤ教のシナゴーグ、道教の廟《びょう》、神道の神社など、名称もさまざまです。

当然、礼拝の対象も、役割も違っています。いずれも聖なる場所として、信者にとっては厳粛《げんしゅく》であり、やすらぎの空間でもあります。

天理教にも教会があります。全国津々《つつ》浦々《うらうら》、世界の各地に設立されています。歴史的には、教祖《おやさま》の命により結ばれていた信者の集団である「講」をもとにして、法的、制度的な認可を得るために設立されました。

神様より教会の設立をお許しいただくにあたっては、人間創造の目的である陽気ぐらし世界の実現のため、ひとえに救済に専心することを誓っています。

たまたま明治政府の宗教政策により、「神道」の枠組みのなかで設立されました。

のちに独立しますが、長く神道の一教派とされていました。したがって「教派神道」の一つとして、分類されていたこともあります。もちろん「教派神道」というのは分類概念で、そのような神道があるわけではありません。

教会は、人間創造の元の場所である「ぢば」から許され、「ぢばの理」を受けています。具体的には、親神様、教祖の目標《めどう》をお祀《まつ》りします。いわば、国々のそれぞれの土地所に、親神様、教祖がお出張りいただいているわけです。

教会の役割は、ひと言で言えば救済にあります。

事分けて言えば、一つは、神様の人をたすけたいという思いから始められたこの道の真実を、いまだ知らない人に伝えることです。

二つには、救済の業《わざ》を実践することです。おつとめが勤められます。また、互いにたすけ合いがなされます。

三つには、国々所々における、陽気ぐらしの雛型《ひながた》道場であることです。日常のなかに、うれしい楽しい生活を実践いたします。

四つには、教会につながる信者相互の信仰を涵養《かんよう》するところです。会長を芯《しん》として、

「ねりあい」「談じ合い」が重ねられます。

五つには、地域社会への貢献があります。その一つとして、ひのきしん活動を行います。地域に開かれた公益法人としての貢献にもつながります。それゆえ、税も優遇されています。

ただ、実際に教会の使命を果たそうと努めていても、表面上では、なかなか陽気ぐらしの雛型というふうにはなりません。教会には難儀、不自由をかこつ人々が、たすけを願って集まってきます。問題を抱えている人が集まるわけですから、問題が一切起こらないはずはありません。世間から見て、信仰者の世界があぁでは、と指弾されることもあるでしょう。

しかし、一般社会や家庭ならば、問題が起これば、その原因を除去しない限り、深みにはまって解決できなくなります。教会は、他人の難儀をわが事として受けとめ、その難儀が根本から解決するように祈り、たすけ合う所です。教会生活では、人々の願いと親神様のご守護により、心のほこりは払われ、濁りが澄まされるのです。それゆえ、陽気ぐらしの雛型道場なのです。

一代で大教会を築き、本部員となり、自身も教会で多くの方々をお世話なされた柏《かし》木《わぎ》庫治《くらじ》さんは、

「ほこりの持ち主が教会からなくなることは、その教会に新しい入り込み者がなくなるということであるから、教会としてたすけ一条の活動の理が鈍ったことになる。これは見かけはよいようでも、教会としては、はなはだ喜ばれないことである」

（「よふきぐらし」『柏木庫治選集（五）』〈道友社〉）

と述べています。

私たちはお互い成人を目指し、その途上にあるといえます。その成人の場こそ、教会なのです。

直会

それぞれの教会では、月次祭をつとめたあと、「直会《なおらい》」があります。布教所など教会に準ずるところでも同じです。もちろん、直会をしないところもあり、直会の持ち

方も、内容も別に決まってはおらず、いろいろです。

お道の人のなかには、直会は「参会者が酒食を共にする宴会」と理解している人が少なくないようです。しかし、もともと直会には、神道の祭祀《さいし》に由来する特別な意味がありました。その語源は「なおりあう」で、「なおる」とは「通常に戻る」意味とされています。

神道の祭祀は、三つの部分から構成されているといわれています。

一番目は、「儀式・儀礼」で、神への奉仕に始まる神祭りです。

二番目は、神に捧《ささ》げられた神酒《みき》、神饌《みけ》を下げ、頂く「神人共食《しんじんきょうしょく》」です。これを「直会」といいます。国文学者にして民俗学者、神道学者としても名高い折口信夫《おりぐちしのぶ》氏は、直会について——この時、儀式が間違いなく行われたか否《いな》かを確認し、間違いがあったなら直毘神《なおびのかみ》の威力によって正す、そのゆえをもって「なおらい」という——と説明しています。

三番目は、「饗宴《きょうえん》」です。

本部でもかつては、お神酒を頂くことと、宴会は分かれていたようです。明治二十六年の末、本部の南側に飯降伊蔵《いぶりいぞう》本席宅が竣工《しゅんこう》しました。翌年の二月十二日（陰暦正月七日）、そのお祝いを行うに際して、次のような「おさしづ」を伺っています。

「分教会長重立《おもだ》つ役員を本席宅北側御座敷にて御神酒を頂きそれより本部の二階にて饗応する事願《ねがい》」

その後、次第に二番目の意味が忘れられ、三番目の饗宴とくっついて「直会」と呼ぶようになったようです。

厳粛《げんしゅく》かつ陽気に勤められたおつとめのあと、お神酒を頂き、食事に舌鼓《したつづみ》を打つのは、至福の時でもあります。信仰を同じくする人が、会長さんを囲んで胸襟《きょうきん》を開き、語り合うのも楽しいものです。

しかし、お酒が過ぎて、理性を失ってしまうこともままあります。クルマ社会になってからは、自家用車で参拝する人も増えました。当然のことですが、たとえお神酒とはいえ、飲酒後の運転は決して許されません。直会のあり方、持ち方が問い直されています。

『稿本天理教教祖伝逸話篇』には、教祖《おやさま》が、訪ねてきた信者にお神酒を振る舞われた話が記されています。

明治十四年五月、のちに東大教会初代会長となる上原佐助《うえはらさすけ》さんが、教祖にお目通りしたときのことです。教祖は大層お喜びくだされ、筍《たけのこ》と小芋《こいも》と牛蒡《ごぼう》の煮しめを、御手《おん》ずから小皿に盛り分けてくださいました。さらに、月日に雲を描いた盃《さかずき》に、お神酒を注いでくださり、お勧めになっています。

（八一「さあお上がり」）

また、明治十九年八月、大阪の中西金次郎《なかにしきんじろう》さん（のちの大江《おおえ》大教会初代会長）が、教祖にごあいさつを申しあげたとき、やはり月日の模様入りの盃で教祖が味醂酒《みりんしゅ》を三分方《かた》ばかりお召し上がりになって、その残りを盃もろとも、お下げくださっています。

（一八六「結構なものを」）

これなど、神人共食の典型でしょう。

親神様は、お祝い事にお神酒を振る舞うことについては、お許しになっています。高安《たかやす》分教会（現・大教会）の開筵式《かいえんしき》のお祝いに「お供神酒施与願」を伺うと、

さあ〳〵出すがよい〳〵〳〵。

（明治23年8月17日）

と、鮮やかにお許しになっています。

ところが、「よそがあのようにしたから、うちも」というような大層なことは、止められています。同じく高安分教会が、教祖十年祭をつとめるに当たって、教会を移転する場所へ仮小屋を設けることを願った際に、併《あわ》せて「当日信徒へ御供御神酒弁当施与の事情」を伺っています。このときの「おさしづ」は、

さあ〳〵心だけ〳〵。心だけと言うたる一つの理を、よう聞き分け。これだけこうしたらよかろうという、心だけの理は十分受け取る。なれど、何処《どこ》がどうやからという理は受け取れん。大層の事情は大いの事情、ほっという理無いとも言えん。心だけなら皆受け取る。

(明治29年3月13日)

というものでした。

また、明治二十五年七月四日の刻限の「おさしづ」に、

大層な事は受け取れんという。

というお言葉に続いて、

些《いささ》かなる処《ところ》、皆楽しむ、喜ぶ処、一寸《ちょっと》一口《ひとくち》、御神酒《おみき》という。これまで尽《つく》す心は受

け取らにゃならん。御神酒というは、笹《ささ》の葉にしめしただけでも御神酒という。そこで派手な事要《い》らん。一寸の味をきいて、かざを嗅《か》ぐ。一寸行てこうかという。

と、お諭しくだされています。

「笹の葉にしめしただけ」。味わい深いお言葉ではありませんか。

第二部　考え方、その元

啓示

「我《われ》は元の神・実《じつ》の神である。この屋敷にいんねんあり。このたび、世界一れつをたすけるために天降《あまくだ》った。みきを神のやしろに貰《もら》い受けたい」

これは、親神様が初めて人間に直接語りかけられた言葉です。この啓示に従い、中《なか》山《やま》みき様は「神のやしろ」となられ、この教えは始まりました。天保《てんぽう》九年（一八三八年）のことです。

宗教は、大きく自然宗教と創唱《そうしょう》宗教に分類することができます。自然宗教とは、自然発生的にできた宗教で、おもに自然を崇拝の対象としています。日本の神道、中国の道教、インドのヒンズー教など、世界にはたくさんの自然宗教があります。

一方、創唱宗教の「創唱」とは、創《はじ》めて唱《とな》えるという意味で、その宗教を始めた人、つまり開祖や教祖がいる宗教のことです。創唱宗教は、さらに悟達《ごたつ》教と啓示宗教の二つに分類されます。通常の人間の知性では得られない宇宙的真理を、どのようにして得るかによって分けられます。

前者の悟達教というのは、「悟りの宗教」と言ってもよく、真理を人間が悟りとるというものです。お釈迦《しゃか》さんの悟りによって始まった仏教は、その代表でしょう。

後者の啓示宗教は、真理を人間が得ることは決してできず、通常「神」と呼ばれる絶対者によってもたらされる（このことを「啓示」と呼ぶ）というものです。キリスト教やイスラム教などがそうです。

天理教は、人間とこの世界を創造した親神様が、中山みき様を「神のやしろ」として直接この世に現れ、真理を明らかにされたことによって始まりました。その意味で、啓示宗教です。

教祖《おやさま》が「神のやしろ」になられたということは、親神様が、中山みき様へ、一貫して入り込まれているということです、その口を通して語られることも、筆をもって書き記されることも、身をもって行われることも、すべて親神様のお心のままになされていることなのです。これは、理屈では到底、理解のできることではありません。

天保九年以来、教祖を通じて教えは説かれるのですが、人々は「教祖が神のやしろである」ことをなかなか信じられず、それゆえ、教えに従うこともできませんでした。「おふでさき」では、そのような人を「あざない（浅はかである）」と何度もお記しになっていますが、人間の常識としては致し方のないことでした。

このような教祖のお立場を、「おふでさき」では、信者ならだれでも知っている「かしもの・かりもの」の教理によって教えられています。

いまなるの月日のをもう《思》事なるわ
くち《口》わにんけん《人間》心月日や　　十二号　67
しかときけくちハ月日がみなかりて
心ハ月日みなかしている　　十二号　68

人間は、口は神様からのかりもので、心だけが自由に使うことのできる、わがのものです。一方、教祖の場合は、口は人間で、心は月日（親神）であるというのです。口は親神様が皆（すべて）借りて、心はすべて貸していると、人間の場合と逆説的に示し、理解しやすいように配慮されています。

「おさしづ」にも、次のように述べられています。

天理王命《てんりわうのみこと》という原因は、元無い人間を拵《こしら》えた神一条である。元五十年前《ぜん》より始まった。元聞き分けて貰いたい。何処其処《どこそこ》で誰それという者でない。ほん何《なん》でもない百姓家の者、何にも知らん女一人《いちにん》。何でもない者や。それだめの教《おしえ》を説くという処《ところ》の理を聞き分け。何処へ見に行ったでなし、何習《なろ》うたやなし、女の処入り込んで理を弘《ひろ》める処、よう聞き分けてくれ。

（明治21年1月8日　松村吉太郎おぢばへ参詣おさしづ）

教祖は、名前の通った者でない、普通の百姓の何も知らない女。それが「だめの教え」、つまり究極の真理を説くということを聞き分けなさい。教えを説くにあたって、どこかに見に行ったり、また習ったりしたわけではない。親神がその女（教祖）に入り込んで理をひろめていることを聞き分けなさい、と諭されています。

神のやしろ

教祖《おやさま》は、天保《てんぽう》九年十月二十六日、「神のやしろ」となられました。「みきを神のやしろに貰《もら》い受けたい」との親神様の求めに応じられたのです。

中山《なかやま》みき様への突然の神の啓示は、夫・善兵衛《ぜんべえ》様をはじめ、その場に居合わせただれもが容易に理解できることではありませんでした。それゆえ、言葉を尽くしてお断りしたのです。

しかし、頑《がん》として退《ひ》かぬ神の様子に、善兵衛様は、この世人間世界創造に関《かか》わる教祖の魂と、宿し込みの場所のいんねん、そして神との約束に基づく時期の到来によるものであることを理解し、一家の都合やあらゆる人間の考えを捨てて、神の仰せに従われました。

元来、「やしろ」の「や」は「屋」と同じく「覆《おお》うもの」、「しろ」は「城」や「苗代」の「代」と同じく「決められた区域、場所」を意味しています。当時の人々にとって、「やしろ」は「神様のいらっしゃる場所」として馴染《なじ》み深いものでした。しかし、人間が「やしろ」となるというのは、初めてのことでした。「神のやしろ」の言葉で示される教祖の役割は、「世界一れつを救《たす》けるため」という目的とともに、尋常でない特別なことと予想させるのに、適切な表現であったと思います。

その後、教祖は自らのお立場を、一貫して「やしろ」にたとえてお示しになりました。明治七年に赤衣《あかき》を召され、なかに月日親神が在《おわ》すことを目に見えて分かるようになされたのも、そうです。「おふでさき」には次のように記されています。

いまゝでハみすのうぢらにいたるから
なによの事もみへてなけれど　六号 61
このたびハあかいところいでたるから
とのよな事もすぐにみゑるで　六号 62
このあかいきものをなんとをもている
なかに月日がこもりいるそや　六号 63

「みすのうぢら」とは「御簾《みす》の内ら」、つまり、社《やしろ》の扉の内側に下げられている御簾の内側のことです。教祖が赤衣を召されているのは、ちょうど社の御簾を上げたことを示しています。

「扉を開く」ということも、そうです。明治二十年陰暦正月二十六日、教祖は、子供可愛《かわい》いゆえから、百十五歳の定命《じょうみょう》を二十五年縮め、現身《うつしみ》をかくしてお働きくだされることになりました。それに先立つ前日の問答で、「教祖の身上《みじょう》御障《さわ》りに付《つき》、いかゞと飯降伊蔵《いぶりいぞう》により願」いますと、

さあ〳〵すっきりろくぢに踏み均《な》らすで。さあ〳〵扉を開いて〳〵、一列ろくぢ。さあろくぢに踏み出す。さあ〳〵扉を開いて地を均らそうか、扉を閉まりて地を均らそうか〳〵。

とお尋ねがありました。「扉を開く」とは、いったい何を言っているのか、鳩首《きゅうしゅ》相談をしたようですが、分からぬまま「扉を開いてろくぢに均らし下されたい」と答えました。このとき、飯降伊蔵先生が手にしていた「伺いの扇」が開いて、

一列に扉を開く〳〵〳〵〳〵。ころりと変わるで。

と仰せになりました。

結果、教祖は、身をかくされることになったのです。人々は、扉を開くことが、身をかくすこととは理解しておらず、この事態に驚き悲しみました。

神道の祭祀《さいし》では、お祭りの際、神の鎮《しず》まる社の扉を開き、その前に榊《さかき》や御幣《ごへい》などを依代《よりしろ》として献じ、神の降臨を仰《あお》ぎます。依代に神が下がって、初めて祭りの場が開かれるのです。祭りは、神様に社へ戻っていただき、社の扉を閉めて終わります。

教祖が、一貫した社という構造のなかで、自らの存在を教え示されていることが分かります。

陰暦正月二十六日午後の「おさしづ」に、
扉開いて、ろっくの地にしてくれ、と、言うたやないか。思うようにしてやった。

と仰せになっています。教祖は、やしろの扉を開いて働きに出られたのであって、やしろをやめられたわけではありません。そのところからも、「教祖存命の理」が分かります。

おぢば帰り

天理の町を行くと、至る所で「ようこそおかえり」の看板が目につきます。町の要所要所に、あるいは多くの詰所（一部、〇〇母屋《もや》とも呼ばれている信者修行所）にも掲げられています。

詰所に着くと、「お帰りなさい」の声で迎えられます。本部神殿に参拝しても、同じく「お帰りなさい」とあいさつを受けます。初めて天理へ来た人は、これが不思議でなりません。

神殿に上がると、東西南北の礼拝場《らいはいじょう》の中心に、かんろだいが据《す》えられています。ここが、人間創造の元の場所「ぢば」です。正しく言いますと、人間創造の場所であるぢばに、その証拠として据えられているのが、かんろだいであり、このぢばを中心として、東西南北に礼拝場が建てられているのです。

ぢばはまた、「天理王命《てんりおうのみこと》」の神名が授けられた所でもあります。いわば、親神様のお鎮《しず》まりくださる所であり、教祖《おやさま》の在《おわ》す所でもあります。

さらに、人間世界創造の守護をいまに還《かえ》して勤められる「かぐらづとめ」が行われる所でもあります。かぐらづとめの理を受けて、親神様の人間救済の業《わざ》が、ここから発動されます。

このように、ぢばは人間のふるさとであり、人間の親なる神と、そのやしろである教祖がおられることから、ぢばへ参拝することを「おぢば帰り」といい、したがって「お帰りなさい」と迎えるのです。

親神様、教祖は、子供である私たち人間が、ぢばに帰ってくることを常に待っておられます。また、帰ってきた子供たちを一人も余さず、「喜ばさずには帰されん」と仰せになっておられます。たしかに、ぢばへ帰ると、多くの心の宝を頂戴《ちょうだい》することができます。

ぢばは人間のふるさとであるところから、「親里」と呼ばれます。また、ぢばのある所と、その生活空間を「やしき」と呼び、そこに住まう者は、教祖の「帰ってくる者を喜ばさずには帰されん」との思いを受けて、帰参者が満足して国々所々へ戻るよう心がけてきました。

かつて、おぢばへ取材に来た新聞記者は、駅から神殿までの間、何人もの行き交う人々に「お帰りなさい」とあいさつされ、神殿へ着いたときには首が痛くなった、と記しています。

現在、天理では、人類救済の目標である「陽気ぐらし」実現のために、多くの施設が設けられ、さまざまな行事が開催されています。「やしき」に住まいする人も大勢となりました。その一人ひとりが、親神様、教祖のお役の一端を担っています。かの新聞記者のように、天理を訪れる大勢の人たちに、大いに首の運動をしていただくよう努めたいものです。

病

私たちは普段、体の各器官の働きを意識することはありません。けれども、目にゴミが入った、頭が痛い、胃が重いなどと、ひとたびどこかの具合が悪くなると、その存在を否応《いやおう》なく感じさせられます。

体が神様からのかりものであることの実感、健康な体をお借りしているありがたさは、こうして身の不自由をかこち、病んで初めて気がつくものです。

人間は、「陽気ぐらしをさせてやりたい」との神様の思召《おぼしめし》で創造されました。人間にとって親である神様は、子供が可愛《かわい》い、「難儀さそう、困らそうという神は出て居《い》んで（出ていない）」（おさしづ　明治20年3月25日）と仰せられています。

それなのになぜ、人間は病気になるのでしょうか。

その原因は、それぞれの心の使い方にあります。

私たちの心遣いが、「互いに立て合う」「たすけ合う」「陽気な」ものであるならば問題はありません。しかし、それとは反対の「自分勝手な」「欲にまみれた」「人を人と思わず蔑《さげす》む」「陰気な」心遣い、あるいは「自分では意識せずとも、知らず識《し》らずに使っている悪《あ》しき」心遣いであるならば、いずれ病として身に現されるのです。また、今生《こんせい》一代の心遣いだけではなく、前生《ぜんしょう》の心遣いも身に現れてくるのです。

親神様は、病という姿を身に現すことによって、私たちが「陽気ぐらし」に目覚めるよう促されているのです。

「おふでさき」では、病について、もう少し事分けて教えられています。病は、神様からの「手引き」「知らせ」「道教《みちおせ》」「用向き」「手入れ」であり、「意見」「残念」「立腹」の現れであるというのです。それぞれの意味は、次のとおりです。

「手引き」――病がこの教えにつながるきっかけとなるという意味から。

「知らせ」――身に現された病は神様からの何らかのメッセージであるという意味から。

「道教」――文字どおり信仰を教えることであるという意味から。

「用向き」――神様の救済の働きに携わるようにとの用件が託されているという意

味から。

「手入れ」――木を育てるときに将来立派な用材となるよう余分な枝を払うように、病を通じて人間的な成長を促すという意味から。

いずれの言葉にも、積極的な意味が込められています。

一方の「意見」とは、親の意見、つまり「忠告」という意味です。「残念」「立腹」は、神様の思召に沿えないことを、病を通じて教えられているということです。

病はつらいものです。しかし、病の起こる元が分かったならば、その根を切ることができます。病を従容《しょうよう》として受けとめることができ、喜ぶことができます。ここに、この信仰の極意があります。

心を澄ます

お道では、心の成人ということがよくいわれます。この場合の「成人」とは、宗教的に成熟するという意味でしょう。

心の成人について、「おふでさき」では「水」にたとえて教えられています。未成熟な心の状態は、いわば「ごもく交じり」(ごもく=ごみ、芥《あくた》)の「濁り水」で、心の成人を遂《と》げていくためには、この水を「澄ます」ことが必要だというのです。

そのためには、どうすればいいのでしょうか。「おふでさき」三号の冒頭に、「真の柱を早く入れたい。しかし、濁りの水で場所が分からない」という話題に続いて、次のように記されています。

　この水をはやくすますもよふだて
　すいのとすなにかけてすませよ
　三号 10

ごもく交じりの濁った水は、砂や水嚢《すいのう》で濾過《ろか》して澄ませ、というわけです。

現在のように上水道が完備していなかった時代は、井戸水や湧《わ》き水を飲料水に用いていました。殊《こと》に、大和《やまと》は「金気水《かなけみず》」といって、井戸を掘っても赤く濁った水が出てくる所が多かったといいます。ごもく交じりの濁った水は、砂や水嚢という濾過の道具によって澄ますことで、飲み水として使うことができたのです。

では、心を澄ますための砂と水嚢とは、いったい何なのでしょうか。その答えは、次の歌にあります。

　このすいのどこにあるやとをもうなよ
　むねとくちとがすなとすいのや　　三号　11

それは、「胸」と「口」であると教えられます。『おふでさき註釈』（天理教教会本部編）には、「むねとくちとは、悟り諭しの意」と記されています。これは、「胸」は「悟り」、「口」は「諭し」の意味であるということでしょう。私たちの心の濁りは、自分が悟ったことを、ほかの人に諭すことを通して澄まされていくというわけです。

このことは、具体的には「互いたすけ」の場に身を置くことをおっしゃっているのだと思います。他人の悩み苦しみや患い、難儀、不自由、不都合を見過ごさず、わが事としてとらえ、その人のたすけを願う場に身を置くとき、私たちの心の濁りは澄まされます。澄んだ心になると、物事の真理も、人々の心も見えてくるように、成人することができます。

にち〳〵にすむしわかりしむねのうち
せゑぢん《成人》したい《次第》みへてくるぞや　六号 15

と、「おふでさき」に記されているところです。

成人とは一面、聖人に通ずるところがあります。聖人になるためには、一般には特別な修行や瞑想《めいそう》などの宗教的経験が必要とされます。しかし、教祖《おやさま》は、そのような修行を奨励されることはなく、かえってお止めになられたようです。

「山の仙人になるのではなく、里の仙人になりなされ」

「人たすけたら我《わ》が身たすかる」

これらの教えは、まさに、お道の〝聖人〟のあり方の要点を示されています。

真の陽気

この信仰の目標は、陽気ぐらし世界の実現にあります。教祖《おやさま》の教えられた理想の陽気ぐらし世界とは、どのようなものでしょうか。原典や逸話に伝えられるところをまとめると、おおよそ次のようになります。

まず、人間個々の問題としては、「生・老・病・死」が根本的に解決されます。古来、この四つは、人間が生きている限り逃《のが》れられない苦悩の代表とされてきました。しかし教祖は、陽気ぐらし世界になれば、生の根本を知って、病気をしない、老いて弱ることがない、そして死なないと教えられました。人間は百十五歳が定命《じょうみょう》で、その後は本人の心次第で、いつまでも生を送ることができるといいます。

次に、人間社会の営みとしては、人は半日働き、半日遊ぶという生活で、農作物はいつも豊作が保証され、社会は繁栄します。互いにたすけ合うわけですから、諍《いさか》いや争いもなくなり、したがって軍隊も、警察も、司法に関《かか》わる人も、社会福祉施設も必要なくなります。

人間を取り巻く自然環境も、気候は温暖で、そよ風が吹き、雨は月に六回、夜半に降るようになるということです。

❖ ❖ ❖

このような理想世界を目指すと同時に、日々の生活のなかで陽気ぐらしを実践していくことも、道の信仰者にとっては大切なことです。

なんの憂《うれ》いもなく、平々凡々と過ごせるのも、ある意味では陽気ぐらしといえるでしょう。困難ななかを前向きに明るく生きるのも、陽気ぐらしです。プラス思考の効用については、多くの識者が指摘しているところです。

しかし、自分自身が陽気であるだけでは、教祖の仰せられる本当の陽気ぐらしとはいえません。

陽気というは、皆《み》んな勇ましてこそ、真の陽気という。めん〳〵楽しんで、後々の者苦しますようでは、ほんとの陽気とは言えん。（おさしづ　明治30年12月11日）

と教えられています。

自分が逆境にあえいでいるときに、自ら努力して勇むことは、その気になりさえすれば、だれしも可能なことです。しかし、治療の手だてのない病に侵《おか》されたり、人間関係のもつれや経済的な破綻《はたん》などによって、人生を悲観している他人を勇ませるのは、容易なことではありません。

そのような場面に遭遇《そうぐう》したとき、私たちにはいったい何ができるのでしょうか。二つのことが考えられます。

一つは、目前の身上《みじょう》の患いや事情がなぜ起こったのかを、得心のいくよう（悟りのつくよう）、教えに基づいて説明すること（諭すこと）。そして、いま一つは祈ることです。祈りによって神の守護を得ることは、確証とてなく、人間の知識では理解できません。実践して初めて実感できる大切なことです。

一方の、人に諭す場合、説明はできても、心から納得してもらうことは簡単ではありません。諭す側の力量が問われるところです。

❖ ❖ ❖

教祖のもとには、悩みや苦しみを抱えたたくさんの人々が訪れました。みな、教祖にあれもこれも打ち明けようと思ってやって来るのですが、御前に出ると、それまでの悩みや苦しみが雲散霧消《うんさんむしょう》したといいます（『稿本天理教教祖伝』166ページ）。きっと教祖が、その悩みや苦しみを引き受けられたからに違いありません。

また〝おたすけの名人〟といわれた先人たちは、おたすけに掛かった相手の悩みや苦しみの原因を瞬時に見抜き、的確なお諭しによって、救いへと導かれました。

このようなことは、だれもができることではないでしょう。しかし、私たちもせめて、先方の悩みや苦しみを共にするようにはなりたいものです。

理が回る

心のなかで思っていたことが、そのとおりになる。こういう経験は、善《よ》きにつけ悪《あ》しきにつけ、だれにでもあるのではないでしょうか。

「思い十年」という言葉があります。望む事柄を十年思いつづけると実現する、という意味です。これは、人間の心の働きや行いによって、善いことは善いように、悪しきことは悪しきように、理が回ってくるのです。「おさしづ」にも、

善き事は善き事、悪い事は悪い事、皆理ある。理あれば理が回る。

（明治31年4月20日）

と仰せられています。

おなかが痛くなったり、熱が出たりすると、だれでも心配になるものです。診察を受けて病名をつけられれば、なおさらです。

案じ掛けたら案じの理が回る。案じ掛けるで心がいずむ。

（明治27年7月）

病の原因をたずねること、それについて思案することは大切です。しかし、案じたり、心配したりするのはよくありません。

殊《こと》に、なんらかの事情が心に掛かり、それが原因で病を得ることがありますが、「案じは案じの理が回る」と注意を促されています。

宮森《みやもり》ヒサさんは、病気になって「おさしづ」を伺ったところ、次のようなお諭しを頂きました。

何も案じる事は要《い》らん。めん〳〵案じるから、人の身も案じる。我が身に理が回る。
（明治22年12月20日）

同じく紺谷久平《こんたにきゅうへい》さん（のちの飾東《しきとう》大教会初代会長）も、信仰上の問題を抱えていたときに目に患いを得て、「おさしづ」を伺ったところ、

心に事情思えば理が回る。
（明治29年1月19日）

と諭されています。

ヒサさんも久平さんも、心を悩ませていたのは、自分のことではなく他人のことを心配してのことでした。それでも案じたことは身に現れてくるのです。それは、

案じると楽しみの理が薄うなる。案じの理が回る。
（明治23年4月16日）

からであり、先に挙げた「おさしづ」にありますように、「案じ掛けたら案じの理が回る。案じ掛けるで心がいずむ」からなのです。

他人のことでさえそうなのですから、自分のことについては、即座に理が回ってきます。

情無《なさけな》い、うたていな〳〵思えば、理が回る。
（明治25年8月8日）

日々口説《くど》くばかりではならん。口説く理が回る。（明治27年2月23日）

むさくろしい理にはむさくろしい理が回る。（明治30年12月3日）

皆心病み、人間心病み、人間の心を立て丶神の理そこ退《の》け。そこで、どうもならん理になる。暗がりの理を以《もっ》て通るから、暗がりになりたら足もと暗がりになる。（中略）人間心立て丶神の理薄なる。（中略）腐りた理回せば腐りた理が回る。（明治31年1月19日）

などと戒められているところです。

❖ ❖ ❖

教祖《おやさま》が、やしろの扉を開かれて働きに出られた明治二十年以降、「燎原《りょうげん》の火の如《ごと》く」と形容されるほど、お道の信者が増えました。官憲はもとより、宗教界、マスコミからも注目を浴び、どちらかというと悪評を流され、批判文書も多く出されました。そのような中、京都の羽根田文明《はねだぶんめい》という人物が、『天輪王弁妄《てんりんおうべんもう》』という、明らかにお道に悪意のある小冊子を出版しました。

これについて、「反駁《はんばく》して宜《よろ》しきや、又《また》訴訟にても起こして宜しきや」と、「おさし

づ」を伺っています。その答えは、
往還道《おうくわんみち》、どんな邪魔があるとも知れん。何《なん》にも案じる事要らん。皆心に治めてくれ。（暫《しばら》くして御諭し下されどんな事目論《もくろん》でも何にもならん。善い事目論《もくろ》めば善い理が回る、悪い事目論めば悪い理が回る。この道賢い者から出来た道やない。これから一つ定めてくれるがよい。
（明治26年9月1日）

というものでした。

善い事すれば善い理が回る、悪しきは悪しきの理が回る。善い事も切りが無けねば、悪しき事も切りが無い。

（明治25年1月13日）


とも教えられます。

善い理が回るよう、心せねばなりません。

いかんと言えば

ワレがオレがと我《が》を張ると、人間関係がぎくしゃくして、うまくいかないものです。この世の中、理屈に合わないことや、筋の通らないことが多いのも確かですが、だからといって、あまりに理屈に走り、筋を曲げないで争うのも考えものです。

「右の頬《ほお》を打たれたら、左の頬を」とは、聖書の言葉です。お道の先人は、さらに「あなたの手は痛くなかったでしょうか」と、殴《なぐ》った相手を思いやるように教えられました。

中国には、「唾面自乾《だめんじかん》の精神」というものがあります。

唐《とう》の時代、婁師徳《ろうしとく》という名宰相《さいしょう》がおりました。師徳は、政治手腕はもとより、人物としても優《すぐ》れていました。

あるとき、師徳の弟が地方の長官として赴任《ふにん》するにあたり、師徳は弟を次のように戒めました。

「物事は、堪《た》え忍ぶことが大切。早まってはいけない」

弟は、こう答えました。

「分かりました。たとえ、人から唾《つば》を吐《は》きかけられても、そっと拭《ふ》き取ればいいのですね」

すると、師徳は、

「それでは、十分ではない。唾を拭き取る行為は、相手の怒りに違《たが》うことになる。自然に乾くのを待つのがよい」

と、諭したということです。

〈守屋《もりや》洋《ひろし》『「荘子《そうし》」の人間学』〈プレジデント社〉〉


明治二十九年、政府は、天理教取り締まりの訓令を発布しました。同二十年の教祖《おやさま》の現身《うつしみ》おかくしによって消滅してしまうと思っていたこの信仰が、かえって日本全国に行き渡り、その勢い、止まるところがないことに恐れを抱いたからです。

「教祖は、身をかくし、姿は見えないだけで、たすけのために働いておられる」という教祖存命の信仰によって、白熱的な布教が展開され、お道は燎原《りょうげん》の火の勢いで伸び広がっていきました。この時期、八百万の信者がいたといわれています。
内務省は四月六日付で訓令を発布し、各地方庁や全国警察はこれを受けて、天理教の教会の設立申請を却下《きゃっか》し、取り締まりを強化しました。
このとき、心得のために、四月二十一日に「おさしづ」を仰《あお》いだところ、
一時見れば怖《こ》わいようなもの。怖わい中にうまい事がある。水が浸《つ》く、山が崩れる。大雨や〳〵。行く所が無いなれど、後はすっきりする。今一時どうなろと思う。心さえしっかりして居《い》れば、働きをするわ〳〵。
とのお言葉がありました。そしてさらに、
反対する者も可愛《かわい》我が子、念ずる者は尚《なお》の事。なれど、念ずる者でも、用いねば反対同様のもの。
と諭され、
いかんと言えば、はいと言え。ならんと言えば、はいと言え。
これがいかんと言えば、はいと言え。これより這《は》い上がる道は無い。

とまで教えられています。

当時の信仰者は、理不尽で筋の通らない厳しい取り締まりのなか、このお言葉を頼りとして、信仰を堅持し、難儀、不自由をかこつ人々のたすけのために奔走《ほんそう》したのです。

徳

「あの人には徳がある」

あるいは逆に、「徳が切れた、徳のない姿だ」「不徳の致すところ」などと言うことがあります。

また、「徳を積む」とも言います。

同じことをしても、人の評価や結果に違いがあるのは、世の常です。その差は、その人に備わる徳の差と見られるのです。

「徳」について、『広辞苑』には「①道をさとった立派な行為。善《よ》い行いをする性格。身についた品性。②人を感化する人格の力。めぐみ。神仏の加護」とあります。

①の「道をさとった立派な行為」は「徳行」といわれ、修行や瞑想《めいそう》によって聖なるものを獲得した人の行いを指しています。「善い行いをする性格」は「徳性」のことで、自然に善をなし得る性格をいいます。②は能力のことで、「徳化」といわれているものです。

徳は、おもに個人に備わるもので、個人の努力によって与えられるというのが基本です。お道ではこのほかに、親や祖父母など「祖先の行いが子や孫に徳として回ってくる」という使い方もします。

❖　❖　❖

お道を信仰する者にとって、身上《みじょう》の患いや事情を抱える人々の悩みや苦しみを、わが事として引き受け、そうした人たちにたすかっていただくこと、ふしを通して教祖《おやさま》の教えを伝え、人間の本来的な生き方ができるよう導くことが大切なのは言うまでもありません。

そのためには、普段から、いかに徳を積むかが問題になってきます。相手に話を聞いてもらえるか、たすかってもらえるかは、たすけの役割を担う人の徳に負うところが大きいからです。

「おさしづ」に、

贅沢《ぜえたく》して居《い》ては道付けられん。聞き分け。草鞋《わらじ》はいてだん〳〵運び、重く徳積んでこそ理が効く。

（明治31年11月4日）

とあります。

この「おさしづ」は、教会が設立されて多くの信者ができはじめたときのものです。〝まだ道がつきはじめたところであるから、いまの結構さに安住して贅沢《ぜいたく》していては、教えを伝えることはできない。日々のおたすけの実践によって、しっかり徳を積んでこそ、神様のご守護を頂戴《ちょうだい》できるようになる〟と諭されています。

一方、このころ（明治二十九年）に天理教取り締まりに関する内務省訓令が発布されました。この訓令に対する対応は地域によって差があり、長野県は厳格に訓令を適用した所でした。伊那《いな》支教会（現・大教会、明治二十六年認可）と、松本《まつもと》支教会（現

・分教会、同二十七年認可）は、ともに認可の取り消しを命じられました。

両教会の信者は再出願を試みますが、なかなか話が進みません。そこで、上級教会にあたる山名《やまな》分教会（現・大教会）の諸井国三郎《もろいくにさぶろう》会長は、両教会の信者の心得について神意を仰ぎました。すると、次のような「おさしづ」がありました。

今の処《ところ》まあじいとして置くがよい。じいとして居て、尚々《なおなお》徳を積み理を積んでくれるよう。

（明治30年1月27日）

〝手続きは、いまのところ控《ひか》えておくほうがよい。手続きこそ控えるが、いままで以上に徳を積み、理を積むように〟とのお諭しと思われます。ここで「徳を積み理を積んで」と言われているのは、公認のいかんにかかわらず、教会本来の役割である人だすけに専心することの大切さを促されているのです。

どちらの「おさしづ」も、目の前の出来事にとらわれることなく、日々、教祖の教えられた人だすけの道にいそしむことの大切さと、そうしてこそ、のちのち好《よ》い結果が現れてくることを教えられています。

❖　❖　❖

徳はもともと目に見えないものですが、身の周りに現れてくる事柄を通して知ることができます。思いがけず善いことがあったり、好い結果を得たなら、徳によるものと感謝することが大切です。悪《あ》しきことから逃れることも徳によるものです。

悪事遁《のが》れたる心思え。精神《せえしん》をいつ〳〵難遁れ、信心の徳によって、

（明治26年3月1日）

と諭されています。

また、仮に自分に不都合なことが起こってきても、それを喜びとして受けとめるならば、徳を積むこととなり、神様の受け取るところとなるといわれています。

不自由の処たんのうするはたんのう。徳を積むという。受け取るという。

（明治28年3月6日）

徳を積むには、道に尽くし運ぶというのが基本ですが、このような場合もあるということです。

また、

もうこれ年限に徳を付けてある。心だけ皆それ〴〵授けてある。めん〳〵徳が付

けてある。その徳だけをめん〳〵よう働かさん。
（明治22年7月31日）

と教えられています。教えのため、たすけのために心を尽くし、身を運んだ者は、その年限に対しても徳をつけてあるというのです。

その人の心に応じて徳をつけていただいておりながら、その徳を活《い》かすだけの十分な働きができていないと仰せになっているのです。

徳いっぱいの働きができるためには、

一つめん〳〵心であるから、どんな徳があるとて、心に治まり無くてはどうもならん。
（明治37年5月25日）

と諭されているように、「心の治まり」、つまり、納得と覚悟が必要なのです。

これから先どんな道あると定めて一時に聞き分けるなら、一時に受け取る。どんな処も見えてある。早く定めてくれ。定めてくれれば、どれだけの徳とも分からん。徳と言えば、どれだけの徳と思うやろ。
（明治25年1月14日）

とも言われています。反対に、

信心しても、こんな事と思うてはならんで。それでは、何ぼ信心しても、それだけの徳は無きもの。

と戒められています。

（明治27年9月26日）

悪風、泥水

人の妬《ねた》みや嫉《そね》みを受け、あらぬ噂《うわさ》を流されて困ることがあります。誹謗中傷《ひぼうちゅうしょう》に心を痛めることもあります。こんなとき、どのように対処したらよいのでしょうか。

❖　❖　❖

お道の草創期、教えが伝わり、救済の実《じつ》があがるにつれて、世間の注目するところとなり、たすけを願って教祖《おやさま》のもとを訪ねる人が増えてきました。その半面、弁難攻撃、無理難題を押しつけてくる人も出てきました。

当初は、山伏《やまぶし》や祈禱師《きとうし》や町医者から、同業の商売敵《がたき》と見なされての嫌《いや》がらせ、次に神職や僧侶《そうりょ》といった宗教者からの弁難中傷、ついには官憲の圧迫干渉による取り締まりが始まりました。

いずれのときも、教祖は「月日のやしろ」のお立場から、泰然自若《たいぜんじじゃく》として、乱暴狼藉《ろうぜき》に動ずることなく、弁難には鮮やかにお答えになって退け、官憲の召喚《しょうかん》、取り調べ、留置、投獄に対しても、「神が連れて出る」と、いそいそとお出かけになりました。

「みかぐらうた」に、

ひとがなにごといはう《言お》とも　かみがみているきをしずめ　（四下り目一ッ）

と歌われています。

褒《ほ》め言葉は耳に心地よいものですが、過剰な追従《ついしょう》やお世辞、罵詈雑言《ばりぞうごん》は気持ちのよいものではありません。人の言うことは気にしないようにと言われても、気になるのが人の常です。しかし「神様は見抜き見通し」と仰せられます。何を言われようが、神様がご存じと思えば、気持ちも落ち着くものです。

❖　❖　❖

教祖はまた、世間の誹謗中傷を悪風や泥水《どろみず》にたとえて、たびたび諭されています。

明治十八、九年ごろのことです。激しくなってきた世間の反対攻撃に辛抱《しんぼう》しきれなくなって、信者のなかには「こちらからも積極的に抗争しては」などと言う者が出てきました。

摂津国《せっつのくに》喜連村《きれむら》の講元であった林九右衛門《はやしくえもん》さんは、おぢばへ帰り、取次《とりつぎ》を通して、この点を教祖にお伺いしました。すると、次のようなお言葉がありました。

「さあ〳〵悪風に譬《たと》えて話しよう。悪風というものは、いつまでもいつまでも吹きやせんで。吹き荒れている時は、ジッとすくんでいて、止《や》んでから行くがよい。悪風に向こうたら、つまずくやらこけるやら知れんから、ジッとしていよ。又《また》、止んでからボチボチ行けば、行けん事はないで」

その少しあとで、若狭国《わかさのくに》から同じようなことで応援を求めてきたときには、「さあ、一時に出たる泥水、ごもく水やで。その中へ、茶碗《ちゃわん》に一杯の清水《せいすい》を流してみよ。それで澄まそうと思うても、澄みやすまい」

と、お聞かせくださいました。一同は、このお言葉に、はやる胸を抑えたといいます。

（『稿本天理教教祖伝逸話篇』一八三「悪風というものは」）

また、明治二十五年のことです。高安《たかやす》分教会（現・大教会）の和泉我孫子《いずみあびこ》講社の者が里鳥《ママ(黒)》村において事件となり、堺《さかい》裁判所で公判、敗訴となりました。控訴《こうそ》するか否《いな》かについて、同年八月十三日に「おさしづ」を伺ったところ、

　万事処《ところ》と言えば教《おしえ》という理ある。その理聞かず、悪風という。知らず〳〵という。どういう事でこういう事になるという。よう聞き分け。一寸《ちょっと》にはたすけ一条という〳〵、心一つ治め先々の処、いずれどんな道もある。どんな道ありてもこれは台である。なれどよう聞き分け。これからという、先という、先々心がある。又、道具という。道具以《もっ》て仕事する。よう聞き分け。何年経《た》ってあんなものどういう事と言う。何年経ってもくさすという。なれど年々の理がある。これまで水の中、火の中通らねば、往還越《おおくわん》されんという。先々こんな事という無きにしもない。後々のため、末々のため、深き心諭そう。心通り悪き無き事は、天の理が許さん。万事尋ねて、理を捜して心治めてくれるよう。

とのお諭しがありました。その意味は、おおよそ次のようなものです。

「教えに基づいて何事も判断すればよいのだが、人間はとかく世間の風評に流されや

すいものだ。どのような問題が起こっても、そのことがのちのちの話の台となり、将来の糧《かて》となるのである。世間では、何年たっても『あんなもの』とくさすことがあるが、水のなか、火のなかという艱難《かんなん》を越してこそ往還道に出ることができるのである。もし、世間が言うように悪いことがないのならば天の理が許さない。教えの理、真理を求めて心を治めるように」

「天の理が許さん」とは、なんと頼もしい言葉ではありませんか。

勇むこと

何か事に当たるとき、心が勇んでいれば、どんな困難があっても立ち向かえるものです。反対に、心が晴れず、沈んでいたり、落ち込んでいたり、いずんで（萎縮《いしゅく》して）いると、簡単なことでもうまくいきません。

勇むほうがいいと分かっていても、勇めないような出来事もたくさんあります。たとえば、病気をしたときがそうです。身体《からだ》が重かったり、頭が痛かったり、熱があったりすると、なかなか勇めないものです。

人と仲違《なかたが》いをしたり、諍《いさか》いがあるときも勇めません。

与えられた役割が果たせそうになかったり、十分に果たせなかったときには、任が重ければ重いほど、気が重くなります。

商売が順調に進まないときは、売り上げの数字を見ては、ため息が出ます。

農林業や漁業は、天候に左右されます。雨が降る、風が強い、日照りが続くといった場合は、作業に差し支えたり、作物に影響が出たりしないか心配なものです。やはり、勇めません。

勇むことについて、「おさしづ」では、次のように仰せられています。

人が勇めば神も勇むという。

（明治22年3月17日）

――人が勇むことにより、神が勇む。

天然自然心勇むなら身も勇むという。

（明治23年9月29日）

心勇めば身の内障《さわ》り無きもの。

（明治33年6月1日）

――神が勇むと、かりものである身も勇み、病もない。勇んで掛かれば神が勇む。神が勇めば何処《どこ》までも世界勇ます。

（明治40年5月30日）


――神が勇めば、世界（註：人間関係、社会、自然）も勇む。

❖❖❖

それでは、どうすれば人は勇むことができるのでしょうか。「おふでさき」では、その条件を次のように述べています。

①神がこの世と人間についての真実を説くことによって（一号7、四号27）、
②その教えを説く場所ができてきたなら（二号13～17）、
③この世界が神の支配であることを、上《かみ》（人間の社会を支配している者）にいろいろな事柄を通じて見せ、上が理解したなら（四号15～20）、
④この教えを詳しく説くことにより、上がこの真実が分かり、これまでの無理解から、この教えを上が差し止めてきた残念が晴れたなら（四号30～35）、
⑤真実の根（元初《もとはじ》まりをはじめとするこの世の真実）を掘り切り（明らかにし）

通り抜けた（人々に知られるようになった）なら（五号62～68）、
⑥この世は神の支配であることを知り、神が自由自在の働きを見せたなら（七号27～39、十二号44～45）、
⑦人々が神の心が分かるようになり、心を澄ましたなら（十号57～64）、
⑧神が人に入り込んだなら（十一号51～56）、
⑨神の言うことを聞いて、心に人をたすける心が定められると（十二号18～19）、
⑩人々が救済の道へついてきて（十二号78～82）、通り抜けたら（十四号58～59）、
⑪神の目に適《かな》ったなら（十五号66～67）。
そして、
⑫つとめをしたなら（一号8～14、三号142～143、七号93～96、八号83～84、十三号21～25）。
これらのなかでも、最後の「つとめ」は、勇むためにはとても重要なことです。

人が勇めば

おつとめによって心が勇むのは、だれにでも経験のあることと思います。心を倒しているときには、おつとめが一番です。

昭和三十六年、海外伝道の再度の打ち出しを趣旨とした『諭達《ゆたつ》第二号』が発布されました。二代真柱・中山正善《なかやましょうぜん》様は、

「国内は年寄りに任せ、若者は海外へ」

と呼びかけられました。これに応《こた》えて多くの人が海外に出ました。そのなかの一人に、林寿太郎《はやしじゅたろう》さんがいます。

林さんは、六十歳を過ぎてからアメリカ伝道を志し、やがて、サンフランシスコにアメリカウエスト教会を設立しました。それまでの苦労は、並大抵ではありません。

英語を学ぶためにアダルトスクールへ通うのですが、年齢制限があるため、若づくりをして年をごまかして入学しました。

「入れ歯のため発音がうまくできず、また、単語がなかなか覚えられず、学校へ通う道中、みかぐらうたを歌って心を勇ませました」

サンフランシスコでお目にかかったとき、アダルトスクールに通った坂道を上りながら、こう語ってくださいました。

話ひとつ聞いてくれる人もなく、崩れ落ちそうな気持ちのなか、「みかぐらうた」によって士気を鼓舞《こぶ》した——こうした経験は、林さんのように布教に従事された方の口から、よく語られるところです。

「おふでさき」では、「つとめ」のほかに、人々の心が勇むには、この世と人間についての真実や思惑《おもわく》が説かれ（一号7、四号27、十号15〜18）、その教えられたことが分かり（四号31〜35、十号57〜64）、心が澄んで陽気ずくめに暮らす（七号108〜111）こと、と説かれています。

また、人々がその真実を知るための努力をすること（五号62〜68）や、この教えに従って生きること（十二号82）の決断（十二号18〜19）と、教えの実践（十四号58〜59）によっても、勇むことができます。それは、神の心に適《かな》う（十五号66）からであり、神が入り込んで働かれる（十一号51〜56）からです。

教えを信じ、教えに従う生き方が、神様の受け取られるところとなり、心が勇んでくるのです。

自らの勇み心は、他の人へと及ぼすことが大切です。親神様は、そのような役割を担う人を「よふぼく」、あるいは「にんそく」と呼ばれ、その人々を神が連れて出て（十号83〜84）、神が入り込み、他の人々を勇ませ、陽気ずくめにする、と言われています。「おさしづ」にも、

陽気というは、皆《み》んな勇ましてこそ、真の陽気という。（明治30年12月11日）

と諭されているところです。さらに、

勇めば勇む理が回る。（明治31年11月27日）

とも仰せられます。

人が勇めば神が勇み、社会も自然も勇むとともに、一人の勇みが循環して、皆がより勇むことができるようになるのです。

神も勇む

落ち込み、沈み、晴れない、萎縮《いしゅく》した心を勇ませるのは、容易なことではありません。勇めない原因が明らかで、解決できれば問題はないのですが、多くは原因が分からない、分かっていても解決の糸口が見いだせないものです。

現れてくること、成ってくることが、いかに困難なことであっても、喜びとして受けとめるのが「たんのう」です。これは言うは易《やさ》しいのですが、行うのは、なかなかむずかしいもの。そこで教えられたのが、「つとめ」です。

親神様の望まれる陽気ぐらしは、身を病むことも人間関係に煩《わずら》うこともなく、社会が安定し、自然現象も穏《おだ》やかで、作物もよく穫《と》れるという、理想的、究極的な平和世界のことです。そこへ至る具体的な方法として教えられたのが、つとめです。

なぜ、つとめによって陽気ぐらし世界が実現されるのでしょうか。その根本は、つとめ人衆が、月日両神をはじめ人間創造の道具雛型《ひながた》の役割を担い、ぢばを囲んでつとめを勤めることによって、親神様の人間創造の守護と同じ働きを頂くところにあります。

そして、もう一つ、人間とこの世界についての二つの原理が働くことによります。一つは「この身は神様からのかりものであり、心だけが自由に使うことができる、わがのものである」ということ。いま一つは「この世は神のからだである」ということです。

人間と、社会と、自然とは互いにつながり合い、関《かか》わり合っています。つとめによって人間の心が勇むと、かりものである身も、人間関係も、社会も自然も勇むようになるのです。

このことは、「おふでさき」に次のように示されています。

早く世界一れつの人間をたすけたいと思っているので、世界中の人は心を勇ませるように（一号8）。

世界の人の心が勇んでくるならば、世界はいつも豊作で、社会は繁昌《はんじょう》する（一号9）。

それゆえ、かぐらづとめの手を教えるので、皆がそろってつとめをするのを神は待っている（一号10）。

皆がそろってつとめをするならば、「そばがいさめバ神もいさむる」（一号11）。

逆に、神の心が萎縮したなら、作物も萎縮する（一号12）。

作物が萎縮して、生育せず収穫がないというのは気の毒であるから、人々は萎縮しないで早く勇みなさい（一号13）。

作物が勇んで生育するようにと思うなら「かぐらつとめやてをとりをせよ」（一号14）。つとめは、「かぐら」と「てをどり」からなり、このつとめを勤めることによって、そば（人々）が勇めば神も勇むというのです。

この世が陽気ずくめになるのは、つとめによって、人々の胸の掃除、つまり心のほこりが払われ、心が勇むようになる（七号93～96、十三号21～25）からです。

「おさしづ」にも、

さあ〳〵皆《み》んな揃《そろ》うて、日々に心が勇めば、神も勇む。（明治21年9月30日）

と教えられ、

陽気遊びのようなが神が勇む。（明治23年6月17日）

と示されています。

教えの理

信仰は、日常生活のなかで教理に基づいた物事の判断や実践をすることに意味があります。いわば、「信仰は生き方である」といえます。

親神様が人間世界を創《はじ》められたのも、また、教祖《おやさま》をやしろとして直接、人間世界に現れて教えを説かれたのも、ひとえに、人間に陽気ぐらしをさせてやりたいという思いによるものです。ですから、お道の場合、教理に基づくというその基本が、陽気ぐらしにあることは言うまでもありません。

世間には、教理を原理原則とした生き方を唯一と考える人々がいます。原理主義といわれるものです。

当然のことながら、どの宗教にも原理主義は成り立ちます。自分が選んだ信仰ですから、自分自身が原理原則に従って生きることは構いません。たとえば、アメリカに住む「アーミッシュ」というキリスト教の一派の人々は、現代文明を否定し、敢《あ》えて自然を重んじた生活を営むことで、よく知られています。

しかし、自分たちの主義に、ほかの人々も当然従い、習うべきである、と考えると問題になります。自らの信仰を他の人へ押しつけることには弊害《へいがい》が多く、迷惑以外の何ものでもありません。アフガニスタンのタリバンによるバーミヤンの石仏破壊や、日本を震撼《しんかん》させたオウム真理教の起こした一連の事件は、その典型でしょう。

世の中に、身上《みじょう》や事情に悩み苦しむ人は数多くいます。そのような人たちに、親神様が語られた人間存在の真実を伝えることは大切です。人は、伝えられた真理を、自らの決断によって受け入れるところに、救いに与《あずか》る契機があるのです。私たちはそのことを踏まえて、教理を説く必要があります。教理を人の責め道具にしてはなりませんし、自分の勝手な判断や都合で説いてはいけません。

「おさしづ」に、

こら理や、そら理やと、人間勝手の理、神の道に無き理を引き出すから治まらん。

決まらん。そんな事では教《おしえ》の理は説けやせんで。日々どういう理を以《もっ》て取り次いで居《い》るか。一手一つの心、教一つの理を以て、嬉《うれ》しい心を、日々聞かしてくれにゃならん。

（明治31年5月17日）

と諭されています。陽気ぐらしを日々実践するのがこの教えですから、「嬉しい心」を説くことが大切なのです。

まずは自分自身が、説いて聞かされた教えを悟りとることが大切です。そのために、教理は自らの生き方のもとになるものですから、常に研鑽《けんさん》を重ねることが大切なのは言うまでもありません。

一手一つの心

一つの目標に向かって、多くの人の心が一つになることを「一手一つの心」と呼びます。とくに、たすけに関《かか》わる心のあり方で、つとめや互いたすけ合いの場面に用いられます。
『天理教教典』では、
「かぐらづとめは、人間創造の元を慕《しと》うて、その喜びを今に復《か》えし、親神の豊かな恵《めぐみ》をたたえ、心を一つに合《あわ》せて、その守護を祈念するつとめである。（中略）つとめ人衆が、親神にもたれ、呼吸を合せてつとめる時、その心は、自《おのず》と溶け合《お》うて陽気になり、親神の心と一つとなる。この一手一つに勇む心を受け取つて、親神もまた勇まれ、神人和楽《じんわらく》の陽気がここに漲《みなぎ》る」（第二章）
「一家の陽気は隣人に及び、多くの人々は、われもわれもと相競うて、ひのきしんにはげみ、世界には、一手一つの陽気が漲つてくる」（第八章）
と説かれています。また、
「一つに心合せるのは、一つの道の理に心を合せることで、この理を忘れる時は、銘々勝手の心に流れてしまう。一手一つの心に、自由《じゅうよう》の守護が頂ける。いかに多くのものが相集《あつま》つても、一手一つの理を欠くならば、親神に受け取つて頂けない」（第十章）
とも述べられています。

「一手一つ」という言葉は、「一手」と「一つ」の造語と考えられます。「一手」の意味を『広辞苑』で調べてみますと

①碁石または将棋の駒を一つ打つこと。ひとて。「次の——」「——御教授」

②きまって行う一つのわざ・方法。「押しの——」

③自分独り（ですること）。「——に引き受ける」

④弓術で甲矢《はや》・乙矢《おとや》各一本からなる一組。ひとて。

とあります。

②が近い感じもしますが、いまいち、しっくりきません。「同じ目標に向かう心のあり方」という意味も欲しいものです。

「おさしづ」の割書《わりがき》には、「一手」が一回、「一手一つ」は二回出てきます。割書は、「おさしづ」を頂いた理由や状況などを、そばで書き取っていた人が記したものですから、当時の人々がその言葉をどのように理解していたかを知ることができます。おもしろいのは、同じ言葉でも、割書と「おさしづ」本文とで意味が違っていることが

あることです。

明治二十二年一月二十四日午後十時の「おさしづ」の割書に、

「山本利三郎《やまもとりさぶろう》の地所内へ、詰員十三名の家を一手一つに建てるに付伺《つきうかがい》」

とあり、明治二十五年一月二十六日の「おさしづ」の割書には、

「松村吉太郎《まつむらきちたろう》日々の賄《まかない》、分教会と一手一つの事情願《ねがい》」

とあります。この二つに登場する「一手一つ」は、「同じ」という意味でしょう。

また、明治二十二年五月十九日の割書には、

「松村吉太郎先回のおさしづにより、一手に運び、内も運びたれ共《ども》、神の御心に叶《かな》わねば成らぬから伺」

とあります。これは、③の意味と同じと考えられます。

「おさしづ」の本文に、「一手一つ」の使用例を求めると、全部で三十九件四十二例、出てきます。そのうち、明治二十二、二十三、二十四年の三カ年で十八件二十一例と、約半数を占めています。このころは教会本部が設置され、部内教会の設立が始まった時期です。教会の設立や建築等に関《かか》わる「おさしづ」のなかに出てくるのが、ほとん

どです。

たとえば、明治二十二年一月十五日の「大阪明心《めいしん》組より分教会所御許し願」は、

さあ〳〵神一条の道はこれからや。一手一つに運び、（註1）

とあります。

このほか、

いろ〳〵諭《さとし》を伝えども、それ〴〵の心に聞き分けが出けん。それ〳〵分かり無し。どうもならん。胸三寸の処《ところ》、どうでも三人の心処、三人あれば三人心、五人あれば五人心、一手一つの心にしいかり定めねばならん。（明治21年　斯道会講社の伺）

とか、

何名何人一つの心、一手、一手一つ〳〵の理に寄せてくれるよう。

（明治23年6月20日夜　志紀分教会再願に付、板倉槌三郎松田音次郎両名出張の上願〈中河分教会〉）

などとあります。

かぐらづとめは、一手一つのお手本です。十人のつとめ人衆の役割とその手振りを

見ても、つとめの歌を歌う地方《じかた》や、奏でられる九つの鳴物（楽器）の役割を考えたなら分かります。役割はそれぞれ違っても、救済というおつとめの目標に向かい、一つの心になって、勤められます。このおつとめによって、不思議な珍しい親神様のご守護を招来することができるのです。一手一つの極意が分かると思います。

（註1）

このおさしづの全文は、次のとおりです。

「さあ〳〵願う一条〳〵、尋ねる一条。さあ〳〵長らえての道〳〵、さあ〳〵一日の処、日々の処、これまでさあ〳〵神一条の道はこれからや。一手一つに運び、さあ〳〵大層《たいそ》々々であろ。先《ま》ず〳〵秘《ひ》っそ〳〵。掛かりは先ず〳〵秘っそ〳〵にして運ぶ処、さあ〳〵許そう〳〵〳〵」

悪風、悪説、悪理

何が真実であるのかを見極めるのは、むずかしいものです。今日ほど情報があふれた社会では、なおさらです。

教えに従って生きることが大切だと分かっていても、その理解には、深い浅いなど個人差があります。時には、社会の風潮に流されることもあります。利害が絡《から》み、真実が見えにくくなることもあり、あるいは異説異端となることもあります。

教えの一部分、断片だけを切り取って説くことは、よほど注意をしなければなりません。親神様が啓示された言葉を、自分の都合のよいように利用することも慎《つつし》まなければなりません。その言葉が使われている前後の脈絡《みゃくらく》のなかで理解する必要があり、そこから把握《はあく》される意味を離れてはなりません。さらに、教え全体のなかから判断することが肝要です。

明治二十九年、急速に教勢を伸ばした天理教に対して脅威《きょうい》を覚えた政府は、取り締まりのための内務省訓令を発布して、全国の警察に指示をしました。天理教批判の記事が新聞や雑誌を賑《にぎ》わせ、悪口を載《の》せた出版物が相次ぎました。宗教界も、こぞって撲滅《ぼくめつ》の運動を起こしています。

このような社会からのいわれなき糾弾《きゅうだん》に対して、信者のなかに、不安を覚える者が出てきても不思議ではありません。なかには世間の尻馬《しりうま》に乗って内部批判に回る者も出てきました。

このような時期に、「おさしづ」を通じて、次のように諭されています。

悪風の理に混ぜられんよう、悪説に誘われんよう、悪理に繋《つな》がれんよう。三つの理いつ〳〵混《まじ》られんよう。両手運んでも、両足運んでも、一つの理が治められん。道の理皆考え。（明治30年1月12日夜10時　郡山分教会山瀬文次郎御願の後にて、御話）

「悪風」とは、世間の悪い噂《うわさ》、悪い風評のことと思われます。毎日勤められる「つとめ」の地歌《じうた》をもじって「屋敷払い、田売り給《たま》え」と囃《はや》したて、信者の子弟はいじめにも遭《あ》いました。噂は噂、悪評は悪評と割り切り、「みかぐらうた」の、

ひとがなにごといはうとも　かみがみているきをしずめ　（四下り目一ッ）

とのお歌を糧《かて》として、世間に惑わされることのないように、と教えられているのです。

「悪説」とは、悪《あ》しき考えのことでしょう。教えに反する考えが、正しい教えであるかのごとく装って説かれることがあります。教えの根本を心の中核に治めていないと、単なる信念だけでは、悪説に誘われてしまいます。

「悪理」とは、悪説が信念体系となっていることを指すのでしょう。何が教えの正統であるかを人間が判断するには、教えはあまりにも深遠《しんえん》であり、むずかしいものがあります。人間の浅はかな判断によって教えの正統性を主張するあまり、逆に異説を作ってしまう弊《へい》は戒めねばなりません。

しかし、悪意をもって説かれるものや、教えに外《はず》れるものは、おのずと明らかになるものです。「理」は鮮やかです。とはいえ、悪理であっても、一度繋がってしまうと、なかなか離れられない、切ってしまえないものです。

悪風に混ぜられないように、悪説に誘われないように、悪理に繋がらないようにしなければなりませんが、万が一、そのようなことになりますと「両手運んでも、両足運んでも」、つまり、身を挺《てい》して尽くしても、天の理が治まりません。教えの根本から考えなければなりません。

一代より二代

この道の信仰は、一代限りと思ったなら頼りないものですが、二代、三代と続き、末代であると教えられています。「おさしづ」にも、

どうも一代と思えば頼り無い。よう聞き分け。一代二代三代やない。生涯の道。

（明治30年10月8日　畠山佐十郎二十八才身上願）

とも、

人間は一代と思うたら頼り無い。何をしたんやらと言うなれど、道と言うたら末代と言う。又《また》所に名称というは末代の理。この一つ理楽しみ。人間何度同じ生まれ更《か》わり、生まれ更わり、この順序聞いて楽しみ。（中略）人間は一代、名は末代の理。末代の理もだん〳〵ある。この道始めて道々に心を寄せて、所に名を下ろすは末代の理、将来続く理。これ聞き分けて楽しんでくれ〳〵。

（明治34年1月19日　葭内与市身上願〈入江支教会長〉）

とも、お教えいただいています。

山沢為造《やまざわためぞう》さんは、親に連れられて若い時分から教えにふれていました。父の良治郎《りょうじろう》さんの入信は文久《ぶんきゅう》四年（一八六四年）ですから、安政《あんせい》四年（一八五七年）生まれの為造さんが七歳のときのことです。良治郎さんは、のちに教祖《おやさま》の高弟となる山中忠七《やまなかちゅうしち》さんに嫁いでいた姉のそのさんが、長患いをたすけられたのを目《ま》の当たりにしてから、熱心に信仰するようになりました。

為造さんは、長じて兄の良蔵《りょうぞう》さんと二人で、教祖のもとへ出かけるようになりました。二十四、五歳のときには、教祖から、

「わしは下へ落ちてもよいから、あんた方二人で、わしを引っ張り下ろしてごらん」

（『稿本天理教教祖伝逸話篇』八〇「あんた方二人で」）

と力比べを命じられたこともありました。また、十二下りのてをどりも習い、つとめに出ております。

ちょうど、そのころのことです。為造さんは、教祖から、

「為造さん、あんたは弟さんですな。神様はなあ、『弟さんは、尚《なお》もほしい』と仰《お》っ

しゃりますねで」

（同六九「弟さんは、尚もほしい」）

と、お言葉を頂きました。また、

「神様はなあ、『親にいんねんつけて、子の出て来るのを、神が待ち受けている』と、仰っしゃりますねで。それで、一代より二代、二代より三代と理が深くなるねで。理が深くなって、末代の理になるのやで。人々《にんにん》の心の理によって、一代の者もあれば、二代三代の者もある。又、末代の者もある。理が続いて、悪《あく》いんねんの者でも白《はく》いんねんになるねで」


（同九〇「一代より二代」）


とも聞かせていただきました。

明治十六年の六月に、父・良治郎さんが五十三歳で出直しました。その少し前の春ごろのこと、為造さんの左の耳が大層腫《は》れたので、教祖に伺いますと、

「伏せ込み、伏せ込みという。伏せ込みが、いつの事のように思うている。つい見えて来るで。これを、よう聞き分け」

また、

「神が、一度言うて置いた事は、千に一つも違わんで。言うて置いた通りの道になっ

て来るねで」

と聞かせていただきました。それで、父の信仰を受け継がねばならないと、堅く心に決めていたところ、母なり兄から、「早く身の決まりをつけよ」と勧められ、この旨を申し上げてお伺いすると、教祖は、

「これより向こう満三年の間、内の兄を神と思うて働きなされ。然《しか》らば、こちらへ来て働いた理に受け取る」

（同一二〇「千に一つも」）

と、お言葉を頂きました。

そこで、新泉《にいずみ》（現・天理市新泉町）の家とお屋敷とを行き来して信仰していましたが、教会の公認運動、教会本部の設立に際しては、これに尽力し、役員となって活躍しました。

初代真柱・中山眞之亮《なかやましんのすけ》様が出直され、二代真柱・中山正善《しょうぜん》様が管長職（当時）に就かれたのは若干十一歳（数え）でした。為造さんは、正善様が成人に至るまで、管長職務摂行者《せっこうしゃ》としてつとめました。

❖ ❖ ❖

この教えを堅く守って信仰しますと、信仰は一名一人《いちにん》ですが、一代より二代、二代より三代と重ねるに従い、理が深くなって末代となるのです。「おさしづ」にも、

長らえて一名一人《にん》の処《ところ》より理を諭し、一人《ひとり》から始め〳〵、これは年限々々通し、これまでの道に成りたる処である。一代は一代の理、二代は二代の理、代々続く生涯末代の理である。（明治22年1月29日）

理を立つれば理がある。さあ〳〵深きの事情である。さあ〳〵尽《つく》す処の理、代々の理、又《また》深きの代々の理も、これはいつ〳〵までも末代の理である。さあ〳〵代々より続く理も治め。深き代々の理はいつまでも〳〵。（明治21年11月7日）

と、お示しいただいています。そうすると、為造さんへのお諭しにもあるように、「悪いんねんの者でも白いんねんになる」、つまり、陽気ぐらしのできない心の癖《くせ》を直し、どんなことでも喜べる心に変わっていくのです。

ところが、代を重ねて結構になると、それに甘んじて、心を磨き、教えを求めることを怠《おこた》りがちです。「おさしづ」にも、

さあ〳〵一代は一代の苦労を見よ。長々の苦労であった。二代は二代の苦労を見

よ。三代はもう何《なん》にも難しい事は無いように成るで。なれど人間はどうもならん。その場の楽しみをして、人間というものはどうもならん。楽しみてどうもならん。その場は通る。なれども何にもこうのう無くしては、どうもならん事に成りてはどうもならん。

（明治22年3月21日午後11時　刻限御話）

と戒められているところです。心せねばなりません。

愛想

あらゆる場面で、男女の差がなくなってきました。社会習俗が押しつけてきた一方的な男女の観念が、見直されてきたからにほかなりません。「男は度胸、女は愛嬌《あいきょう》」は、いまでは古い俚諺《りげん》になりました。男女の性の違いによって、人間としての尊厳、価値や役割に違いはありません。

性による差別を、許すようなことがあってはなりません。しかし、ジェンダーフリー論者が主張しているように、性による区別を全くなくして考えるのは、本当にいいことなのでしょうか。考えさせられるものがあります。

『稿本天理教教祖伝逸話篇』には、教祖《おやさま》が飯降《いぶり》よしゑさんにお聞かせくだされた、次のような話が記されています。

「よっしゃんえ、女はな、一に愛想《あいそう》と言うてな、何事にも、はいと言うて、明るい返事をするのが、第一やで」　（一一二「一に愛想」）

この話をもって、天理教が女性に対して差別性をもつと指摘する記述を見かけます。しかし、まず前提として考えなければならないのは、この逸話の場面が極めて個別的であるということです。よしゑさんという特定の女性に対してのお話ですから、教祖は「女はな」と話しかけられているのです。

❖　❖　❖

『広辞苑』に「愛想」とは「①人に接して示す好意や愛らしさ。人あしらいのよさ」とありますように、人との繋《つな》がりのなかで、好意を示すことは大切なことです。何につけても「はい」という返事は快いもので、男女の区別はありません。

同じく、好意をもった言葉、優しい言葉は、人間関係にとってやはり大切です。とくに、この教えを聞き分けた者はなおさら、この心がけが必要です。

「おさしづ」では、

年取れたる又《また》若き者も言葉第一。愛想という事、又一つやしきに愛想無《の》うては、道とは言わん。男という女という男女に限り無い〳〵。(中略) 第一言葉愛想、満足は言葉に限る。

(明治34年6月14日)

と、お示しになり、愛想は、言葉によるのが一番で、老若男女《ろうにゃくなんにょ》の区別なく大切であると諭されています(註1)。

また、次のようにも仰せられます。

愛想の理が無けりゃ曇《くも》る。曇れば錆《さび》る。

(明治27年7月30日　刻限御話)

人間関係のなかで愛想がないと、鏡が曇って、ついには錆《さ》びついて見えなくなるように、お互いに相手が分からなくなってしまうというのです。

愛想は、男女ともに必要なことがお分かりいただけたかと思います。

さて、教祖は、愛想の反対の「愛想尽かし」を戒められています。この信仰に対する本人の心構えについても、この教えに繋がる人の丹精についても、「愛想尽かし」のないように、と諭されています。

大阪・堺《さかい》の平野辰次郎《ひらのたつじろう》さんは、長患いをたすけられて信仰を始めました。二十四歳のときです。ある日、教祖にお目通りが叶《かな》い、力比べのあと、教祖が、

「年はいくつか。ようついて来たなあ。先は永いで。どんな事があっても、愛想つかさず信心しなされ。先は結構やで」

（『稿本天理教教祖伝逸話篇』六八「先は永いで」）

と、お言葉を下さっています。

また、「おさしづ」では、

一日の日はな、十分こうして立ち越え、愛想尽《あいそ》かさず〳〵、これまで一つ今蒔《ま》いたる処《ところ》、前々蒔《ぜんぜん》いたる理は生やさにゃなろまい。生やさにゃならん。

（明治22年1月21日　寺田半兵衛身の障り伺）

と、愛想尽かしのないように諭されています（註2）。

（註1）

このおさしづは長く、愛想の大切さをお教えくだされています。次に、肝心なところを引用いたしましょう。

「皆来る者優しい言葉掛けてくれ〳〵。道には言葉掛けてくれれば、第一々々やしきには優しい言葉第一。何も知らん者、道はこんなものかと思てはならん〳〵。年取れたる又若き者も言葉第一。愛想という事、又一つやしきに愛想無《の》うては、道とは言わん。男という女という男女に限り無い〳〵。言葉は道の肥、言葉たんのうは道の肥〳〵。皆見習え〳〵。強うするは道。早く道洗《あろ》うて〳〵、知らん者に言うて聞かせ〳〵。十年あとにはこんな道やない。艱難《かんなん》苦労の固まりの道という。上に立つ者から言うて聞かせ〳〵。遠慮気兼《きがね》は要《い》らん。遠慮気兼はほこりのもとやで。いつ〳〵まで艱難通るやない。理が世界にある。たんのう楽します道もある。第一言葉愛想、満足は言葉に限る。たゞ言葉と言うた処が、第一人に愛想たんのう知らずしては、道失《うしの》うて了《しま》う〳〵」

（明治34年6月14日　六月一日より本席御身障りに付七日間御休みに相成る、よって種々相談の結果、本部員一同神様へ御願い申し上げしには、御身上速やか御成り下さればおさしづを頂き、おさしづによってどのような事も運びますと御願いに付、如何の事でありますや願――本部に十年以上尽した者に、借家建て貸す事願）

（註2）

いくつかの用例を示しましょう。

「さあ〳〵もうこれでと思えども、愛想尽かさず運んで日々というは天の理、これ諭して置く。治まる理、話聞かしてくれるがよい」

（明治25年4月23日　平等寺小東定次郎大阪へ出越しに付だん〳〵申し止めども聞き入れず、本人の望みに随って家屋田畑売払いして宜しきや、又はあくまでも平等寺に居って宜しきや伺）

「さあ〳〵尋ね返《か》やす。理までや。よう事情聞き分けにゃどうもならん。事情諭す事出来ようまい。人間心に差し入りてよう聞き分け。こうと言えばこうの理が分かる。明らかという。危なき処の理は危なき理、心に持って諭すという。愛想尽かしの理はさらに無い程に。さしづして置こう」

（明治25年10月20日　寺田半兵衛娘コウ前々より身上重態に赴くに付又願――押して、身上の処はどうで御座りますか）

「事情一つ曇りに曇りが張って、善き理と曇りの理と分からん。愛想尽かさず、万事心得のため、前々事情通り運ぶがよい」（明治26年5月15日　日本橋部内本荘支教会部下の事情願）

「案じてはならんで。道に理が無いと思わず、改めすっきり心得、前々事情以て運ぶよう。愛想尽かしてはならんで」　（同　押して再び事情願）

「将来心に改めるなら、身上《みじょう》速やかという。一度二度ならぬ愛想尽かし言葉、身上に掛かりてさしづという。よう聞き分け。兄なら兄、姉なら姉、いかなる事も改めさすが兄弟一つの理。外々《ほかほか》の心やない、道の上一つそれ〳〵の心を添え、改めてこう、事情という、しっかりこうと、改めさしてくれるよう」
（明治37年9月26日　仲田楢吉四十一才身上願）

一名一人

信仰とは元来、人に頼まれてとか、家代々続いているから、という理由でするというものではありません。信仰者一人ひとりが、自ら選んでするものです。宗教哲学者のポール・ティリッヒは、信仰とは「究極的関心事」であると言っています。

人間には、日々の生活のなかで、いろいろな関心事があります。今日《きょう》の夕食のおかずは何かに始まり、衣、食、住、政治、経済に至るまで、その種《たね》の尽きることはありません。

こうした関心事は、いわば心の周辺的なことです。そのときは心の大部分を占めていても、別なことに関心が移ると、すぐに忘れてしまいます。

たとえば、流行の服に関心があり、欲しいという思いで心をいっぱいにしていたとします。しかし、その服を手に入れてしまうと、もう別のことに関心が移ります。また、たとえ手に入らなくても、時期が過ぎて流行《はや》らなくなったら、やはり次第に関心は薄れ、ついには全くなくなってしまいます。

信仰とは、そのような関心とは違って、何があろうとも起ころうとも変わらない、心の中核に置かれる関心です。だから「究極的関心事」というわけです。

この道の信仰は、親神様が教祖《おやさま》をやしろとして伝えられた真理を、私たち一人ひとりが自ら自由な心で選び、まさに真理であると、心の中核に置くことです。

しかも大切なことは、信仰は一名一人《いちにん》、一人ひとりのものであるということです。人間は神の子として、お互いに兄弟姉妹で、魂のレベルでは平等です。しかし、心はそれぞれ違っています。「おふでさき」にも、

をやこ《親子》でもふう〳〵《夫婦》のなかもきよたい《兄弟》も
みなめへ〳〵に心ちがうで　五号 8

と教えられています（註1）。

それぞれの心が違うからこそ、同じ信仰をしていても、「かしもの・かりものの理」による身の内の働きの現れ方に違いが出てきます（註2）。

親神様は、一名一人の心に応じて、守護されているのです。

心にお道の信仰が治まると、自然と「人をたすけたい」との思いになります。その心が、「誠」「真実」あるいは「誠真実」といわれるものです。

先人が、おさづけの理を拝戴《はいたい》した際に頂いた「おさしづ」のなかでも、

「一名一人の心に誠一つの理があれば」

と、必ず諭されています。

今日、おさづけの理を頂戴《ちょうだい》したあとに頂く「おかきさげ」には、同じ言葉が記されています。すべては一名一人の心の持ち方にかかっているのです。

反対に、誠一つが分からないとしたならば、それは何も分からないということになります（註3）。

また誠一つは、尽くし運ぶという実践を通じても分かるようになる、と教えられています（註4）。

（註1）

おさしづに、次のように示されています。

「さあ〳〵人間というは神の子供という。親子兄弟同《お》んなじ中といえども、皆一名一人の心の理を以《もっ》て生《うま》れて居《い》る。何《なん》ぼどうしようこうしようと言うた処《ところ》が、心の理がある。何ぼ親子兄弟でも」

（明治23年8月9日　鴻田忠三郎願――押して願）

（註2）

「さあ〳〵尋ねる。一名一人心尋ねる理は、一名一人万人《まんにん》同じ事、一名聞き心にある。何か聞いて居るであろ。人間々々元が分かろまい。世界中皆神の子供。難儀さそう、困らそうという親はあるまい。親あって子がある。この理を聞け。憎い可愛《かわい》の隔て無い。養育さしてもどのよな者もある。同じ幾名《いくめえ》の中、親の子、中に一つ隔てられる、隔てられる。一名一人かりものによって仕《し》られる」

（明治20年12月9日　松田常蔵前の障り再願）

（註3）

「尽《つく》す処理である。尽す処は受け取る。理の話難しい事は一つも言わん。心次第という台が出してある。一名一人一つの理聞いて理が分からん。誠一つの理が分からねば何にもならん。めん〳〵の心、誠一つより受け取る理は無い。誠一つを受け取る。年限の日からあいたゑ、年限月々年々よう聞き分け。誠の心は誰《たれ》に相談は要《い》らん」

（明治23年4月16日午前9時　永尾たつゑ目のふちたゞれ鼻つまり、快よく眠らぬに付願）

「さあ〳〵身上に心得ん、心得んから尋ねる。一寸《ちょっと》理には、大望《たいも》々々ならば、大望だけの心定めにゃならん。一名一人の理、立つも一つの理、立たんも一つの理、めん〳〵の心で出ける。どうもうつして、何か頼む〳〵との心を持ちてという」

（明治21年8月25日　平野トラに付願）

（註4）

「一名一人の心と言う。運ぶ理によりてその理が分かり来る」

（明治26年5月17日夜　前のおさしづによって役員一同集合めん〳〵生命を縮めても本席身上長らえて頂き度く、その上飯降政甚の治まり方に付願）

「さあ〳〵小人《しょうにん》の処〳〵、身の処、さあ〳〵一寸心得ん〳〵。思う事に何にも理は無い。小人の処一名一人、一人《ひとり》の煩《わずら》いは家内の煩いと言うてある。小人の処、前生《ぜんしょう》一人々々持越《もちこ》しという理がある、持ちて出るという理がある。一日事情定め。案じる事は要らん。一日の事情しいかりと見るがよい」

（明治22年1月11日　西浦弥平小人三治郎八才願）

「皆揃《そろ》うて一名一人計り来たる処、精神一つ日々守護《しゅごう》、日々道の間、怖《こ》わい日もどんな日もある。心一つ定め。一手一つ理が治まれば日々理が栄える」

（明治22年1月27日）

「これまでの処、一名一人で道を通り来た。心の精神を定め。心精神道の理を以て世界という。神の道なら世界の道が無ければならん。治める道は精神一つの理に止《とど》まるという」

（明治22年2月23日　本席身上御障りに付願）

天然自然

この教えは、「天然自然の道」であるといわれています。「天然」も「自然」も元来、人の手が加わらずに「然《し》かある」（そうなっている）という意味です。「天然」とは「天」、つまり神などの絶対的な存在によって、そうなっているということ。一方、「自然」とは、自《おの》ずからそうなっているという意味です。この世のあらゆるものの存在も、現れてくる事象も、あるべくしてあり、なるべくしてなっているということです。

この教えが始まったのも、親神様が教祖《おやさま》に入り込まれて直接に教えを説かれたのも、あるべくしてあり、なるべくしてなったことなのです（註1）。

❈ ❈ ❈

人間は、自らの知恵や才覚で何でも事が運ぶと考えがちです。人間の知恵や才覚や金銭でできたことは、天然自然とはいえません。独りなってくるのが、天然自然なのです（註2）。世間では「無理が通れば、道理が引っ込む」といいます。無理も一時は通用しますが、当然のことながら、長く続くものではありません（註3）。

したがって、この教えは天然自然、つまり、あることはあるように、なることはなるようにそのまま受けとめ、あるよう、なるように生きることが大切なのです。とはいえ、中国の老荘《ろうそう》思想に見られるような、何もしないという「無為《むい》自然」ではありません。教えを心の物差しとした、日常生活でのこだわりのない実践が大切です（註4）。

こだわりのない実践と簡単にいいますが、これがなかなか容易ではありません。いくつかポイントがあります。

第一は、わが家のこと、わが身のことを言わないことです。自分の家のありようについて考え、成り立つようにするのは大切ですが、それを表立って言わない、先に立てないということです。

第二は、長続きすることです。どんなことでも、無理をすると長く続くものではありません。コツコツと、地道に、長く続けることが肝要なのです。

第三に、いまの難儀を厭《いと》わないことです。細道をだんだんと通ってこそ、先に楽しみの道があります。いまを、ただいたずらに楽しんでいると、先に難儀を招くことにもなりかねません（註5）。教祖のつけられた道を、ひたすら歩むことが大切なのです。自ら信仰小説をものされた、天理教史の泰斗《たいと》であった高野友治《たかのともじ》先生は、「天然自然」にふれ、天理文芸のむずかしさについて、次のように語っておられました。

「キリスト教文学は、人間の原罪がテーマであるから描きやすい。それに対して、天理教の場合は、一軒の家の一代、二代、三代の姿を淡々と描くだけでよい。あるべくしてあり、なるべくしてなる姿を描けばよい。だから、簡単ではあるが、文学作品として仕上げるのはむずかしい」

天然自然の道の歩みは、なかなか世間の理解を得られるものではありません。時間のかかることです。時を重ねることにより、次第に人々に理解されるようになるのです（註6）。

天然自然を旨《むね》として歩むならば、どれだけ危険なところでも、どれほど恐ろしいところでも、神が手を引いて連れて通ると言われています（註7）。

（註１）

おさしづに、次のように示されています。

「学者がした道でもなし、人間心でした道でなし、真実の神が天然自然の理で、五十年の間付けた道である」

（明治20年陰暦7月　清水与之助耳鳴りのぼせの願）

「何でもない百姓家の出、女一人十三才の年より入り込み、誠々々天然自然の道付くという処《ところ》も聞いて居るであろう」

（明治20年12月6日　山出庄五郎脳の痛みに付き引き続き御話〈真心組大代村講元〉）

「この道天然自然の道これが天の理である。元々天理王命《てんりわうのみこと》と称《しょ》するは、五十年前《ぜん》からの道筋」

（明治20年12月1日　清水虎次郎伺）

（註２）

「天然自然というは、誰がどうする、彼がこうしょうと言うても出来ん。独り成って来るは天然の理。金でどうしょう、悧巧《りこう》でどうしょうというは、天然であろまい。世上から見て、珍しいなあ。何処《どこ》から眺《なが》めても成程《なるほど》、というは、天然に成り立つ理。この理聞き分け。思案してみよ。それより明らかは無い。この道理皆伝え。銘々治め。内々それ〳〵治め。それから始まった道。急《せ》いても出来ん、又《また》しょうまいと思ても出来て来るは、天然の道と言う。よう聞き分け。どれから眺めても成程と言うは天然」

（明治33年5月31日　松村ノブの五月三日のおさしづに、天然という御言葉を下された処に、

如何の処の事でありますや、押して願〈尚小人義孝夜分非常に咳きますから併せて願〉）
「何程どうせいでも、独り出けて来るは天然自然の理」

（明治24年6月6日　芦津分教会の処地所を買い求めて敷地を広める事情に付願――押して、地方庁へ設置出願するに、今までの所そのまゝ、で宜しきか願）

「天然自然という、一年や二年やでは出けん。世界は、大きな事でもそれ〳〵寄りてするで出ける。なれど、天然自然年限の内から出けたもの。今日種を蒔《ま》いて実がのるかのらんか。これ思やんすれば今日の思やん出ける」

（明治31年1月12日　内務省社寺局長久米金弥大和和歌山巡廻に付本部へ来る事県庁より申し来り、よって心得まで願）

（註3）

「さあ〳〵万事の処に心を運べば世界という。成らん事をしようと言うて成るやない。なれど成らん事でも、しようと思えば一時成るやろ。なれど続く、続かんの理を思やんせよ。天然自然の理も聞き分け。成る処は成る、成らん処を無理にと言えば天然とは言えようまい」　（明治25年7月27日　前おさしづより一同決議の上左の項を分かちて願――第二）

（註4）

「天然自然の道というものは、一つ踏んだら一つ、二つ踏んだら二つ、三つ踏んだら三つ。これは一寸《ちょっと》も動かん。これが第一の処がある」　（明治20年7月26日　増野正兵衛身上障り伺）

「一人運ぶ、二人運ぶ。人々《にんにん》の理を以て天然自然の理」
（明治25年5月1日　兵神分教会加西郡講社村方より信仰を差し止めに付願）

(註5)

「さあ〳〵たすけ一条は天然自然の道、天然自然の道には我が内我が身の事を言うのやないで。天然自然の道は、長らえて長く通る事が、天然自然と言う。天然自然の道通るには、難儀な道を通るので、先の楽しみと言う。今十分の道通るのは先の縺《もつ》れと成るのやで。さあ〳〵天然自然の理、この理を皆に聞かして楽します。さあ〳〵先々長らえて天然自然の理を待つ」
（明治21年8月17日　梅谷四郎兵衛大阪へ帰宅に付さしづ）

「人間一生と言うても、人間の一生の事は急《せ》いてはいかせん。末代の道やもの。急いてはいかせん。天然自然の道に基《もとづ》いて、心治めてくれるよう」
（明治23年2月6日午前5時　本席身上俄に腹突張り御障りに付願）

(註6)

「だん〳〵道理から、だん〳〵ほんに珍しい事しよったなあ、悪い事も聞くけれどなあ、そうやないなあと、明らかに重なりて往還の理と諭し置こう」
（明治33年5月31日　松村ノブの五月三日のおさしづに、天然という御言葉を下された処に、如何の処の事でありますや、押して願――押して、たゞ今おさしづを承りし処、今度中西牛郎に十二下り解釈を致させて居りますが、この件に掛かりますや願）

「どうでも天然自然の道を通り抜けて往還」
（明治34年4月15日　川勘五郎三十三才願〈島ケ原分教会金亀支教会長〉）

（註7）

「成程道は天然自然の理である。天然自然の理で治めるなら、どれだけ危ない所でも怖《こ》わい所でも、神が手を引いて連れて通る。天の綱を持って行くも同じ事」
（明治33年2月11日　高知分教会長島村菊太郎部内巡教中、右の足怪我致せしに付願）

結婚

男女が夫婦となるのが結婚です。結婚にまつわる法律や習俗は、民族や国家など土地所によって違いがあります。近ごろでは、同性同士の結婚を認める国さえあります。法律に関《かか》わりなく夫婦同様に生活をしている人もあり、結婚や夫婦の概念も多様化しているといえます。

「みかぐらうた」に、「地と天とをかたどりて、夫婦をこしらえきたるでな」と歌われています。人間の基本単位は個人ですが、個人が生まれるためには夫婦がもととなるのです。

「おふでさき」には、結婚について、

せんしよ《前生》のいんねんよせてしうご《守護》ふする
これハまつだい《末代》しかとをさまる　一号 74

とあります。これは、教祖《おやさま》の長男・秀司《しゅうじ》先生とまつゑさんの結婚について言われたことですが、結婚は、前生《ぜんしょう》の縁によって今生《こんせい》、夫婦となることをお示しいただいているとも理解されています。

夫婦となるにあたり、個々のいんねんを自覚するのは大切なことです。これが治まる元となります。しかし、もっと大切なことは、二人の心が寄り合い、お互いに、これが縁なのだ、と心が治まっていることです（註1）。

神様は、「縁談程《ほど》楽な事は無い」とも仰せになっています。ただし、人間というものは心変わりをするものですから、お互いに、一緒になろうと誓ったその日の心が、その日だけではなく将来に続くならば、との条件つきです（註2）。

❖ ❖ ❖

明治二十一年、松村吉太郎《まつむらきちたろう》さん（のちの高安《たかやす》大教会初代会長）と芦田《あしだ》のぶさんとの縁談が、氏の両親のたっての願いにより進められました。吉太郎さん二十二歳のときでした。

吉太郎さんはかねてから、同じ信仰を志す人との結婚を望んでいましたので、芦田家がお道を信仰していないことが気にかかっていました。そこで、「夫婦の縁があるなら貰《もら》い受けねばならぬに付《つき》、如何《いか》に致《いた》して宜《よろ》しきや」と神意を伺いました。すると、「おさしづ」で、

談示々々々々、（明治21年12月15日）

と話し合いの大切さを促され、話し合いにあたっては、

元の理を早く治めにゃなろまい。（同）

と、人間としての根本を基準に考えるよう諭されました。

縁談は、親や周囲の人の思惑《おもわく》によって、あるいは家の格式や人間思案で進められる

ことがあるものです。しかし、きっかけはどうであれ、本人同士の心が治まることが肝心なのです（註3）。さらに、双方の親や、関わりのある人々に望まれれば、なお結構です（註4）。

結婚には、縁が大切です。縁がなければ、周囲がどれほど心を使い、焦《あせ》っても成るものではありません。結婚適齢期といいますが、時代によっても、地域によっても、ましてや個々の考え方によっても違うものです。もっと言うなら、いんねんによって異なっていると考えられます。「おさしづ」にも、

早い縁は早いにならず、遅い縁は遅いにならんで。（明治20年5月）

と、お教えいただいています。

また、男性六十三歳、女性五十一歳の方が、周囲からいろいろ言われたのでしょう、結婚について、「おさしづ」を伺っています。

遅いが遅いに立たん、早いが早いに立たん。事情心通り、心へ通りて、それ〳〵の道がありて道は治まる。（明治25年8月14日）

と、縁談が進められることをお許しになっています。

二人の心が合い、周囲が望んで結婚しても、離婚することがあります。見合い結婚よりも恋愛結婚のほうが離婚率が高い、というのも考えさせられます。双方の心のあり方が問われているところです。

離婚に至る事情や経緯はいろいろで、両者の言い分もあります。よく愛情がなくなったとか、さめたとかいいます。「さめた」とは、「冷めた」でしょうか、「覚めた」でしょうか、「醒めた」でしょうか、それとも「褪めた」でしょうか。それら全部かもしれません。

いずれにしても、互いに相手が悪いと思っています。分かっていることは、生涯添い遂《と》げようと誓ったことは覚えていても、その日のときめく心を失い、忘れてしまっていることです。相手に合わせていた心遣いが薄れ、自分勝手な心を膨《ふく》らませているだけなのです。

恋愛中は相手の非が見えなかった、という人があるかもしれません。しかし、本当はそうではないはずです。そのときは、相手の非を覆《おお》うに十分な心の寛容さがあったのです。それが馴《な》れ合いなのでしょう、非ばかりが目につくようになるのです（註5）。

こうしたことは結婚生活だけに限りませんが、それぞれの心を合わせようとする努力のうえに、常に教えに照らして、事の善《よ》し悪《あ》し、物事の判断をすることが大切なのです。

縁談が順調に運び、良い縁が結ばれた場合はよいのですが、事がうまく運ばず、叶《かな》わないこともあります。そのような場合は、過去にあった話をいつまでも心に残しては、決して良いことはありません（註6）。

また、やむなく離婚しても、道のうえでの「兄弟」としての理を結ぶようにと、お教えいただいています。

（註1）

「一人があれと言うた処《ところ》が行くものやない。あれとこれと心寄り合うがいゝんねん、いゝんねんなら両方から寄り合《お》うてこうと言う。いゝんねんがありゃこそ、これまで縁談一条皆治まって居る」

（明治27年9月21日　刻限〈但し飯降まさゑ縁談一条に付〉）

「いんねんいゝ一つの事情は聞き分けて、十分心だけの理は運んでやれえ」

（明治24年2月27日　麻植娘十七才磯吉二十五才縁談伺〈阿波国〉）

「心と心の理が合えば、生涯と言う。さしづ聞いて今の日と言う。それはいかんこれはいかんとは言わん。互い〳〵の心あれば、思うように成る」

（明治24年12月23日　天野善七娘タミツル十九才縁談願〈郡山分教会理事娘〉）

（註2）

「縁談程楽な事は無い。なれど、心変わればどうもならん。そこで、一日の日将来の理なら、よい」（明治34年12月21日　岡本久太郎長女ナヲ二十六才山崎直吉弟熊楠二十九才縁談事情願）

「繋《つな》いだ日結んだ一日の日を生涯の理に治めるなら、十分なれど、中にどんな事情神に尋ねてしたなれど、こんな事言うような事ありてはならん」

（明治28年4月4日　辻豊三郎ととめぎくと縁談の儀願）

（註3）

「親こうと言えど、いかん縁談もある。親こうと思えども、子に縁談事情あるで。（中略）縁談に義理掛けてはならん。それはほんの一寸《ちょっと》の飾りのようなもの。そこで縁談というは、真の心に結ぶは縁談。又《また》離れ〳〵寄りてはならん。人間には心という理がある。心合わねば、どうでもこうでもそも〳〵理」

（明治33年12月7日　梶本楢治郎以前の事情申し上げ、宮田善蔵の娘カナ二十才縁談事情願）

「そも〳〵」とは、大和の方言で、「それぞれ勝手な」という意味です。

（註4）

「内々それ〳〵親々それ〳〵これでと言う」

（明治35年5月2日　甲賀分教会長山田太右衛門長女こよね十九才と同分教会役員山崎房造弟勘治郎二十四才と結婚願）

（註5）

前出おさしづ（註2、明治28年4月4日）参照。

「めん〳〵あちらへ行《い》て、めん〳〵心に一ついかんという心いかん」（明治21年11月9日）

（註6）

「縁談尋ねる。成る事もあれば成らん事もある。（中略）縁談結んだ事、十年も経《た》てど、未《ま》だどうやこうやと心に思て居ては、間違《まちご》うた心であろう。子供一人二人あれども、あちら離れこちら離れする事ある。一生一代と言うて結んだ理であろうが。どういう道もあろう」

（明治40年4月8日）

ひのきしん

天理教といえば「ひのきしん」といわれるほど、一般にも、ひのきしんは知られるようになりました。宗教は実践が命ですから、その意味でひのきしんが活発に行われているのは、信仰が生きている証拠ともいえましょう。しかし、広く知られるようになると、その半面、本来の意味が忘れられやすいものです。

ひのきしんは、漢字を当てれば「日の寄進」となります。寺社へ金銭や物品、建物などを供えることを意味する「寄進」と、「日々」を表す「日」とから成る本教独特の造語です。ひのきしんは、この身は神様からのかりものであり、多くの与えや恵みによって生かされているという、人間存在の根本に由来しています。日々、貸し主である親神様に寄進するということ、すなわち、日々、神様に生かされている喜びを感謝する行為すべてがひのきしんなのです。

ところが、いつしか無償労働奉仕の意味で、この言葉が使われるようになりました。

これは、一般のみならず、教会生活においても見られることです。たとえば、親が子供に「手伝って」と言うべきところを「ひのきしんして」などと言います。もちろんこれは、「みかぐらうた」に、

みれバせかいがだん〳〵と　もつこになうてひのきしん　（十一下り目三ッ）
なにかめづらしつちもちや　これがきしんとなるならバ　（十一下り目七ッ）

と歌われていますように、モッコを担い、一荷《いっか》の土を運ぶことも寄進として、道普請や建築に携わることが主にひのきしんであったという歴史的経緯によるものと思われます。

今日では、災害救援や献血も、ひのきしんの名で行われています。
「ひとことはなしハひのきしん」（七下り目一ッ）とありますように、ひと言の話も、ひのきしんとなります。たとえ身を患って病院のベッドで身動きできなくても、生かされている喜びを「ありがとう」のひと言や、笑顔によって表現するならば、これも立派なひのきしんなのです。

ひのきしんは、「みかぐらうた」の十一下り目に「夫婦揃《そろ》うて」「欲を忘れて」と教

えられています。夫婦が手を携えて、感謝の行為に身を挺《てい》するところ、一家の治まり、ひいては世界の治まりの種となるのです。

人間は、わが身勝手、わが身思案に陥《おちい》りやすいものです。ひのきしんは、わが身の本来性に思いを致《いた》す行為ですから、おのずから自分自身のことを忘れて、心を他の人のために使うことになります。これが、生活の糧《かて》となり、救済のための肥《こ》やしとなるのです。

また、これだけしたからそれでよい、というものでもなく、「まだあるならバわしもゆこ」（十一下り目五ッ）という、自ら求めてなされるべきものです。

ひのきしんの行為そのものを見ていますと、ボランティアとなんら変わるところがありません。けれども、その本質の違いは、お分かりいただけたことかと思います。

ボランティアは近年、盛んとなりました。たすけ合いの広がりは、神様のお喜びになるところです。かしもの・かりものの理を知るお互いは、日々のひのきしんを、心して行いたいものです。

お道

天理教信者の間では、自らの信仰や天理教全体を指して、「お道」と言い習わしています。したがって、信者は「お道の者」といいます。

しかし、これは天理教の専売特許ではありません。孔子《こうし》の言葉を記した『論語』にも「朝《あした》に道を聞かば、夕《ゆうべ》に死すとも可なり」（里仁《りじん》篇）とあるように、一般に、古くから「真理」と同じ意味で使われてきました。

道という言葉は、人の往来するところを表すことから、「人の行為・生き方について規範とすべき筋」（『日本国語大辞典』）を意味するようになりました。これが、茶道や柔道のような専門的な技芸や、その技芸を通じて精神的な境地を得る過程を意味するようになり、宗教や信仰そのものをも指すようになったのです。

「みち」に当てられる漢字は、「道、路、途、径」など数多くありますが、右に記した意味で用いられるのは、もっぱら「道」の字です。その理由は、この漢字の成り立ちに関係があります。

「道」という字は、十字路を図形化した「行」と、足を象《かたど》った「止」からなる「シンニョウ」、それに「首」がついたものです。この「古い字形は首を携えて進む形」であり、道に首があるのは、原始時代の首狩りの祭首、断首葬、祭梟《さいきょう》の習俗に由来しているといわれています。（「道字論」『白川静著作集 第三巻』〈平凡社〉）

道は、恵みをもたらすと同時に、敵や悪霊などが侵入する危険なところでもあるのです。

「おふでさき」では、「みち」の語は、百五十七カ所に記されています。その使われ方は、比喩《ひゆ》としての用法と、本来の意味としての用法の二つに大きく分けることができます。

比喩としての道は、たとえば次のようなものです。

教えを信じて歩む道中、山坂や茨畔《いばらぐろ》など、多くの困難に遭遇《そうぐう》しますが、ひと筋に求めてゆくと、細道から次第に大きな道、往還道《おうかんみち》（双方から行き来のできる広い道）に出ることができ、これが本道である（註1）、と教えられています。

本来の意味としての道は、
①教え（信仰）の意としての道、
②方法を示す道、
③その他、
に大きく分けて考えることができます。
①の例として、
このみちハどふゆう事にをもうかな
このよをさめるしんぢつのみち　六号　4
があります。このほかに「おふでさき」では、多く「このみち」とか「いまのみち」などと記されているのが、そうです。
②の例は、
「このつとめせかいぢうのたすけみち」（四号91）
「にち〳〵にからとにほんをわけるみち」（四号58）
などが、そうです。救済を実現する方法について述べられているところです。

③その他は、「心ちがいのみち」（三号95）や、「みちのり（道程）」「みちすがら」「みちおせ（道教）」などがあります。

比喩にしましても、本義にしましても、「みち」に示されるところで大切なことは、この道を「つける」ことであり、「通る」ことです。信仰は、日常生活のなかで実践することが重要であると示しています。

道をつけ、歩み、通り、「通り抜け」「越した」ところに「見えてくる」のが、「大道」「往還道」「本道」なのです。いわゆる「陽気ぐらし」の世界が立ち現れてくるのです。「おさしづ」には、「道」の語は千百余例あります。ほとんどが「おふでさき」と同じように用いられていますが、なかに、違った例があります。たとえば、

往還道は通りよい、細い道は通り難《に》くい。なれど、細い道は心に掛けて通るから、怪我《けが》はせん。大道はけつまずかにゃならん。けつまずくというは、心に油断するから怪我をする。（明治29年10月5日）

とあります。これは「おさしづ」が、信仰実践のなかで、人間がややもすれば陥《おちい》りやすい問題に対する具体的な指示であるという特質に由来しています。「おさしづ」で

求められているのは、
贅沢《ぜえたく》して居《い》ては道付けられん。聞き分け。草鞋《わらじ》はいてだん〳〵運び、重く徳積んでこそ理が効く。（明治31年11月4日）

とありますように、あくまでも教えの実践にあります。

精神を高め、深めるあり方を一般に「道」と称し、宗教がその典型なのですが、天理教の独自性は、その歩むべき道の模範を示されているところにあります。つまり、教祖《おやさま》が「神のやしろ」として五十年間歩まれた「ひながたの道」（明治22年11月7日）がそれです。

しかも、道を歩むために、旅費がいるからと、「道の路銀《ろぎん》」として「おさづけの理」も下されています。

この教えが「道の中の道」である所以《ゆえん》でありましょう。この道を通るも通らないも、その主体が人間の側にあるところが、むずかしい点であり、また楽しみでもあるのです。

（註1）

おふでさきに、次のように記されています。

よろづよのせかいぢふうをみハたせバ　みちのしだいもいろ〳〵にある　（一号45）
このさきハみちにたとへてはなしする　どこの事ともさらにゆハんで　（一号46）
やまさかやいばらぐろふもがけみちも　つるぎのなかもとふりぬけたら　（一号47）
まだみへるひのなかもありふちなかも　それをこしたらほそいみちあり　（一号48）
ほそみちをだん〳〵こせばをふみちや　これがたしかなほんみちである　（一号49）

大難を小難、小難を無難

たとえ不都合で困難なことが身に降りかかってきても、いわれのない中傷や嫌疑《けんぎ》がかけられようとも、成ってきたこと、現れてきたことに対して、心から得心し、喜べるようになるのが、この道の信仰です。

山中忠七《やまなかちゅうしち》さんが入信して五年後の慶応《けいおう》四年（一八六八年）五月の中旬のこと、大雨が降りつづいて川が氾濫《はんらん》し、大洪水となりました。忠七さんの家でも、持ち山が崩れて大木が一時に埋没《まいぼつ》してしまう、田地が一町歩《ちょうぶ》ほども土砂に埋まってしまう、という大きな被害を受けました。

このとき、かねてから忠七さんがお道を信仰するのを嘲笑《あざわら》っていた村人たちは、「あのざまを見よ。阿呆《あほ》な奴《やつ》や」と罵《ののし》りました。忠七さんは、残念に思い、早速お屋敷へ帰って、教祖《おやさま》にこのことを伺いました。すると、教祖は、

「さあ〳〵、結構や、結構や。海のドン底まで流れて届いたから、後は結構やで。信心していて何故《なぜ》、田も山も流れるやろ、と思うやろうが、たんのうせよ、たんのうせよ。後々は結構なことやで」

と、お諭しになりました。

（『稿本天理教教祖伝逸話篇』二一「結構や、結構や」）

❖ ❖ ❖

「たんのう」という言葉は、大和《やまと》では「満足」を意味します。ご馳走《ちそう》をよばれたとき、お風呂に入って気持ちのいいとき、芝居を楽しんだときなどに「たんのうした」などと言います。

この逸話では、本来なら「我慢」と言うべきところを、教祖は「たんのう」と仰せになっています。それは、成ってくること、現れてくることにはすべて原因があり、理由があることを教えようとされたからです。今生《こんせい》一代の心遣いのみならず、前生《ぜんしょう》、前々生からの「いんねん」によって考えなければならないのです。

難儀さそう、困らそうという神は出て居《い》んで。（おさしづ　明治20年3月25日）

と仰せになっています。たとえ、それが不都合なことであっても、神様は、人間に陽気ぐらしをさせたいとの思いから、身の内や身の周りに現してくださっているのです。

忠七さんは、成ってきたことを喜び、大難を小難にしていただいたことを、心から神様にお礼申し上げたといいます。

❖　❖　❖

成ってくること、現れてくることが難儀であれば、大難を小難に、小難を無難にしていただけるのが、この信仰です。そのためには常日ごろからの心の使い方、つとめ方が大切です（註1）。十五歳までの子供の場合は、親の通り方にかかっています（註2）。また、これだけ尽くしたのに、なぜこのようなこと、とも思わないことです（註3）。

教祖は、

「命あっての物種と言うてある。身上《みじょう》がもとや。金銭は二の切り（二番目に大切なものの意）や。今、火事やと言うたら、出せるだけは出しもしようが、身上の焼けるのも構わず出す人は、ありゃせん。大水やと言うても、その通り。盗人《ぬすと》が入っても、命が大事やから、惜しいと思う金でも、皆出してやりますやろ。

悩むところも、同じ事や。早く、二の切りを惜しまずに施しして、身上を救《たす》からにゃならん。それに、惜しい心が強いというは、ちょうど、焼け死ぬのもいとわず、金を出しているようなものや。惜しいと思う金銭・宝残りて、身を捨てる。これ、心通りやろ。そこで、二の切りを以《もっ》て身の難救かったら、これが、大難小難という理やで。よう聞き分けよ」

（『稿本天理教教祖伝逸話篇』一七八「身上がもとや」）

と、お諭しになっています。

（註1）

「神の一条《ひとすじ》の道を通れば、大難小難で救かる事」

（明治20年10月1日　木村スヱ妊娠中コレラ病に付願）

「大難の事情、尽《つく》す処《ところ》で小難ともいう」（明治24年10月10日　宇野又三郎二十才身上願）

「人間というものは前生《ぜんしょ》いんねんという理を持ち来てある。いんねんの理は世上の理を見てさんげ。世上の理に難儀の難儀、不自由の不自由という理を皆映してある。その理を見て、めん〳〵たんのうという理を定め。尽す理にして大難小難としてある。世上見てたんのうと心定めば、たんのうはいんねんのさんげである」

（明治24年1月　北嶋友五郎二十八才身上願）

（註2）

「大難の処小難になり小難の処無くなり、親々運んで治めたる処」

（明治24年7月8日　宮森与三郎小人与彦身上願）

（註3）

「大難小難、成るも一つの理成らんも一つの理」（明治22年8月8日　松本忠七五十四才身上願）

「身に不足なる処、理を聞いて心に成程《なるほど》という理がある。これだけ運び、これだけ尽し、身上になあという理持たず、大難小難分かれば、前生さんげい。いんねんというは、世上に映してある。皆神の子、救けにゃならん救からにゃならんが理。をやという理、難儀さそう不自由さそう、隔てる理あるまい。成程の理聞き分けて、理が心にあるなら、案じる事は要《い》らん。これだけ諭してくれるよう」（明治24年10月29日　麻植房次郎三十九才身上事情願）

「誰がどうしょうこうしょう独り出来る。神の守護も無きものかなあと、中にそういう事も思う者もある。皆これ大難小難救けたる」
（明治34年11月21日　一昨朝教校工事場出火致し、御詫びのため掛員始め本部員一同願）

この世の極楽

宗教は、いずれも人間の救いを目標にしています。そのあり方はさまざまです。ヘブライズムといわれるユダヤ・キリスト教では、この世における人間の生は一回限りで、死後は、神による「最後の審判」によって、天国か地獄かのいずれかに住まいすることになります。

仏教、とくに浄土教系の信仰では、この世を穢《けが》れた所「穢土《えど》」と見なし、穢土を離れて、極楽である「浄土」へ往生《おうじょう》することを目指しています。この世とは異なる世への転生（生まれ変わり）を救いとしています。

お道の教えは、来生《らいせい》に救いを求めるものでもなければ、この世と異なる世界への往生を目指すものでもありません。この世における陽気ぐらしの実現を目標としており、陽気ぐらし世界こそが究極的な救いの姿と教えられます。

とは言っても、現実の世界では、医学は発達しても病気はなくならず、かえって治療法も確立しない難病が増えています。また、だれもが平和を望みながら、争いは絶えません。極楽とは、ほど遠い姿です。

これは、人間がなぜこの世に存在するのか、その真の理由を知らないがゆえに、神様から自由に使うことを許されている心を使っていたずらに欲望を膨《ふく》らませ、自己中心的に振る舞ってきた結果なのです。それゆえ、私たち人間は、この世と人間世界についての真実を知り、互いにたすけ合うように生きる必要があるのです。

身の不自由や、難儀の者が寄り合って、たすけ合うならば、うれしい、楽しい、陽気ぐらしが現れます（註1）。

また、教えられたつとめと、このたすけ合いによって、謀反《むほん》の根を切り（みかぐらうた二下り目六ッ）、病の根を切る（同二下り目八ッ）ことができます（註2）。

人間がなぜ存在するのか、その根本を知り、人をたすける心になると、見聞きする

世界に変わりはなくとも、心に映る世界が変わります。「みかぐらうた」に、

よくにきりないどろみづや　こゝろすみきれごくらくや　（十下り目四ッ）

と歌われているとおりです。悩みも苦しみも、喜びに変えることができ、楽しむことができます。

地獄、極楽について、次のような寓話《ぐうわ》を聞いたことがあります。

ある人が地獄へ行くと、痩《や》せた人ばかりでした。といいますのも、長い箸《はし》をもった人が、食べ物を箸で摘《つま》んで、器から自分の口へ運ぼうとするのですが、あまり箸が長いので、口に持っていくことができないでいるのです。

一方、極楽へ行くと、栄養が行き届いているのでしょう、ころころと肥えた人ばかりです。食事の様子を眺《なが》めていると、地獄と同じ長い箸を使っているのですが、摘んだ食べ物を相手の口に運んでいるのです。

心の持ちようもさることながら、たすけ合いの大切さを教えられる話です。

「みかぐらうた」に、「こゝはこのよのごくらくや」（四下り目九ッ）と歌われているように、ぢばのある「やしき」は信仰者の寄り集う所であり、教えに基づいた生き方が

なされている所ゆえ、陽気ぐらしが現実となっている所といわれています（註3）。

その「ぢば」の理を受けて設立されている国々所々の教会は、土地所の陽気ぐらしの手本雛型《ひながた》であり、道場でなければなりません。

また、この教えに繋《つな》がる人々が、自ら陽気ぐらしの体現者として、日々生きることが大切です。そうすることが、楽しい、うれしい生き方を、そばの人々に映していくことになるのです。

（註1）

「身上《みじょう》不足なりて、心失《うしの》うて、じいと住家《すみか》して居る。内々心治まろまい。又《また》世界治まろまい。（中略）これまで陽気ぐらしの事情聞いて居る。なれど陽気どころやない。一人身上迫り、何たる処《ところ》やない。日々陽気ぐらしどころやない。一人一つ心失うて、これ訳も分からん事情、余儀無く事情、余程難しい。なれど寄り合《お》うて〳〵日々通る道は嬉《うれ》しい道である。めん〳〵治まる理あれど、ほんの事情である。先々事情先々は言うやない。遊《あす》び暮《ぐ》らし、今一時全く事情やない。堪《た》えられん事情見て、治まる事情、長いさしづ、難しいさしづ、計り難《がた》ない事情、たゞ一人不自由、身の処不足無《の》うて、たゞ心に不自由ある。もう年が替わればどうと言う。月が替われば今のよう、こう成りたと分かる。たゞ一人心失うて、心立ち帰り分からん〳〵と、程無う一年通る。極楽世界にこんな事と言う。皆楽しみ集めて寄せたる。一人事情見て日々掛かる。粗末にしまい。心に掛かればあちら一寸《ちょっと》、こちらも一寸じいと抑えられたる事情、仕様《しよ》ありて仕様無き事情、事情堪えられん事情、内々聞き分け。皆集まりたる処、一人心一つ事情、鮮やかならん事情長くやない。もう程無う事情。これ諭し置こう。これ一つ〳〵定めてくれるよう」

（明治26年2月26日　村田幸助妻すま身上願）

（註2）

みかぐらうた四下り目に、次のように歌われています。

七ッ　なにかよろづのたすけあい　むねのうちよりしあんせよ
八ッ　やまひのすつきりねはぬける　こゝろハだん〳〵いさみくる
九ッ　こゝはこのよのごくらくや　わしもはや〳〵まゐりたい
十ド　このたびむねのうち　すみきりましたがありがたい

（註3）

「諭し間違う理が、取りようで間違うからどうもならん。悪風という、見る一つ間違い〳〵理が、悪風となる。皆心を合わせ、このやしき勤め何と思うて居る。心真ぁ直《す》ぐ極楽やしき、陽気やしき」

（明治31年9月25日　増井りん身上願）

十五歳まで

この信仰は、一名一人《いちにん》、一人ひとりの心が大切です。日常の心のあり方、使い方、また、前生《ぜんしょう》からのいんねんに応じて、自分の身や身の周りにいろいろなことが現され、見せていただけます。

しかし、子供の場合、殊《こと》に十五歳までは、身の上に現れてくる病気などは、親々の問題であるといわれます。「おさしづ」にも、

さあ〳〵小人《しょうにん》々々は十五才までは親の心通りの守護と聞かし、十五才以上は皆めん〳〵の心通りや。（明治21年8月30日）

と仰せられています（註1）。

親にとって、子供に患いを見せられるほど、つらいことはありません。代われるものなら代わってやりたいと思うのが親心でしょう。それゆえ、親神様は、親の事情を子供の身に現して、親神様の思いを知らせるというのです。

したがって、親は、子供の思いを通じてお知らせくだされている親神様の思いを悟り、心に治めなければなりません（註2）。また、実際にたすからなければなりませんし、たすかるようにせねばなりません（註3）。

明治十五年、梅谷《うめたに》タネさんは、お産のお礼を兼ねて、おぢばへ帰り、生まれて間もない長女のタカちゃんを抱いて、教祖《おやさま》にお目通りいたしました。

当時、タカちゃんの頭には、膿《うみ》を持ったクサが一面にできていました。クサとは皮《ひ》膚《ふ》病の一種で、栄養の行き届いていなかった時代、高度経済成長を遂《と》げる前までの日本では、多くの幼児が罹《かか》ったものです。

教祖は、タカちゃんを抱かれ、そのクサをごらんになって、

「かわいそうに」

と、仰せになると、自分の座布団の下から、皺《しわ》を伸ばすために敷いていた紙切れを取り出し、少しずつ指でちぎっては唾《つば》をつけて、一つひとつベタベタとタカちゃんの頭に貼《は》りました。そして、

「オタネさん、クサは、むさいものやなあ」（註4）

と、仰せになりました。

タネさんはハッとして、「むさくるしい心を使ってはいけない。いつも綺麗《きれい》な心で、人さまに喜んでいただくようにさせていただこう」と、悟るところがあったとのことです。

大阪へ戻り、二、三日たった朝、ふと気がつくと、タカちゃんの綿帽子《わたぼうし》をかぶったような頭に、クサがすっきりと浮き上がっているではありませんか。

あれほど、ジクジクしていたクサも、教祖に貼っていただいた紙に付いて浮き上がり、ちょうど帽子を脱ぐようにして、見事にご守護いただいたのです。頭の地肌には、すでに薄皮ができていたということです。

（『稿本天理教教祖伝逸話篇』一〇七「クサはむさいもの」）

それから九年後の明治二十四年、タカさんが数え十二歳になったときにも、手足や顔にクサができました。

「おさしづ」を伺うと、「個々のいんねんを持って生まれてきているが、十五歳までは親が悟り、尽くすことによって、たすけていただける」と諭されてます。

さらに、「神一条を説くことはよいが、いつまでもいんねんを持ち出して説いてはならない」と教えられています（註5）。

（註1）

このほか、おさしづには「小人という何も知らん者、よう聞いて居るやろ。小人十五才までは親の事情」（明治31年1月6日　永尾楢次郎小人きぬゑ身上願）とあります。

（註2）

「さあ〳〵身上《みじょう》に一つの事情心得んという事情、さあ〳〵十五才までは親の事情、何か万事聞かして置かにゃならん。何か心に理がある。いかなる話聞かし、生涯の話聞かし、何か心治めさゝ、にゃならん。万事聞かして、一つ〳〵話聞かしてくれるよう。何か万事又《また》々一つ〳〵」

（明治24年3月12日　梅谷四郎兵衛長男梅次郎十五才教祖五年祭に付本部に十四五日居る間に目の障りに付伺）

「さあ〳〵尋ねる〳〵〳〵、尋ねる処《ところ》まあ小人と言うても、小人々々々々三箇月経《た》っても小人、三年経っても小人、三箇月経たん小人、不思議々々々血が出る事情というは、どういう事思うも、皆《み》んなこれ小人罪あるとは思われまい。為《な》すとも思われん。小人十五才まで親の理で治まる」

（明治28年3月12日　永尾楢次郎小人身上願）

（註3）

右記、三月のおさしづに続いて、「一つ身上に一つ、罪無き者に〳〵理ある。何も罪無き者、身の内一つ一日事情見て、一つ皆小人たる処、何もだん〳〵事情、小人によって何も罪もあろうまい、悪もあろうまい、心違いもあろうまい。小人十五才親々事情、皆一つ事情、よう聞き分け。くどう〳〵のさしづ何度さしづ、月が経てば年が経てば忘れる。これではなろうまい。親々聞き取って救《たす》けにゃならん、救からにゃならん。小人心で救けにゃなろうまい」（明治28年7月5日　永尾楢次郎小人せつ出物身上願）と仰せになっています。

（註4）

タネさんに対する教祖のお言葉は、次のようにも伝えられています。

「くさというものはなあ、汚いものやで。親の汚い心を知らせて下さるのやで。ほんになあと思えば、きっと助けて下さる。汚いと言うてもなあ、日々の小さい心やで。人に物をやっても、やり過ぎやなかったかと、御礼を受けるような心やったらいかんで」

（天理大学宗教文化研究所編『真実の道』〈道友社〉）

（註5）

「生まれる事情によって事情持って出たる。知らず〳〵の事情万事十五才までという。事情一つ台という。身の処にて生まれる。一つ理を持って出る。未《ま》だ〳〵分かろまい。どんな事情、理は世界願い一条、いつ〳〵事情にも諭し置いたる事情、十五才までは皆《み》んな事情あり、前生いんねんのさんげ。案じる事は要らん。十五才まで分かるなら、尽《つく》す理で払う。十五才までの理聞き分けて改めば、いつ〳〵までもいんねん事情持って出てはならん。一代経《た》ち二代という。聞いたる事情は神一条の理に諭したる。神一条の始めたる。何才いんねん、いつまでも持って出てはならん。これをしっかり悟りてくれるよう」

（明治24年6月4日　梅谷たか十二才足、手、面にくさ出来しに付願）

さんげ

さんげとは、一般に「過去に犯した罪を神仏や人々の前で告白して許しを請《こ》うこと」をいいます。

漢字で書くと「懺悔」。「懺」の字は仏教でさんげを意味するサンスクリット語の「kṣama《クシャーマ》」を音写したもの、「悔」の字はその意味を表しています。「慚愧《ざんき》懺悔」との熟語で用いることが多かったため、「ザンキ」の濁音に影響され、江戸時代に「懺悔」

も「ザンゲ」と、濁って発音するようになったということです。

キリスト教では、罪悪を自覚し、これを告白して悔《く》い改めることは、重要な信仰の徳目とされています。とくにカソリックでは、懺悔することによって、罪が赦《ゆる》されるとしています。

お道でも、「さんげ」という言葉は、「おさしづ」のなかにしばしば登場します。

人間は、「わがのもの」として、心を自由に使うことができます。自由な心とは、善《よ》いようにも、悪いようにも使える心です。善い心遣いは問題ないのですが、悪《あ》しき心遣いは、身にも、身の周りにも、悪しきこととして現れてきます。現れてきたことを通じて、さんげすることも大切ですが、もっと大切なことは、現れる前に気づくこと、さんげしないでもよい心遣いができることです（註1）。

しかし人間は、善し悪しを頭で理解していても、知らず識《し》らずのうちに悪しき心遣いや言動をしがちです。一日に一度は、心を静めて反省をする時を持つことが大切です。

けれども、いくら省みても、自分の身に到底起こるとは思えないような難儀に出くわすことがあります。それは多くの場合、前生《ぜんしょう》のいんねんを見せられているものなのです。人間は、今生《こんせい》のことでも気づかないことは多いのですから、これが前生、前々生のことなら、なおさら分かりようがありません。そうした過去の悪しき心遣いや行いも、自分に起こるとは思えないような出来事をわが事として受け入れることで、さんげすることができるのです。

そのような難儀や不自由のなかでも心を治めて通り、悲しみを喜びに変えていくことは、さんげとして、神様の受け取るところとなります（註2）。そのうえに、二度と同じ悪しき心遣い、同じ過ちを起こさないよう心を定め（註3）、日々の生活のなかで実践すること（註4）、それが真のさんげなのです。

この道は「諭し・悟りの道」といわれています。自ら悟ったことを諭すわけですが、相手に悟ってもらえるように諭すのがコツです。

梅谷四郎兵衛《うめたにしろべえ》さん（船場《せんば》大教会初代会長）が入信当初、おたすけに行ったとき、先方に取り次ぐ話は「身の内かしもの・かりものの話」「八つのほこりの話」と「さんげの話」をしたらよい、と教祖《おやさま》より教えられました。

しかも、先方にさんげの仕方を教えるのではなく、自分がさんげしたことを話せばよい。そうすると、先方が自ら「わたしとこも、いろいろ間違いしてきたことがあります」と、さんげしてくるというのです。わが身のさんげ話であれば、当たりさわりなく、三軒、五軒行っても、同じことを諭すことができます。

「あんたところに、こんな理ないか、あんな理ないか」などと非を探ると、相手の内々同士でけんかをさせたりすることになりかねません。

「この道はそんな道ではなく、自分のことから言いなさい」と、教祖はおっしゃったということです。

（「月日の心」『本部員講話集　中巻』〈道友社〉）

「おふでさき」にも、

　どのよふな事でもわがみくち《口》いより
　　ゆう事ならばぜひハあるまい　　十四号　70

と記されています。

（註1）

「さあ〳〵さんげ〳〵、聞いて道を守るならさんげという。知らず言わず〳〵、見たら事情の理というは何度のさしづ、日覆《ひおい》とまで諭してある」（明治23年6月20日）

「元一日の日を以《もっ》て入りた時の心生涯の理変わらねば、何も言う事は無い。月々年々の事情、互い〳〵話し合い語り合い、心の外《はず》さんこの理はさんげともいう」（明治31年10月16日）

（註2）

「今日もよい〳〵と言えば、たんのう出ける。悪い中にたんのう治められん。道理と言う。成らん中たんのう、治められん処《ところ》から治めるは、真実誠と言う。前生いんねんのさんげとも言う」（明治30年7月14日）

「皆腹の立つ処さんげ。腹の立つ処立てんようさんげ。善い事思わんから腹が立つ。皆さんげという。（中略）さあ〳〵内々の旬《しゅん》、身のさんげ心のさんげ理のさんげ、どうでもこうでもせにゃならん。さんげ為《な》した外《ほか》に、どうせんからどうという事は無い」（明治32年10月2日）

「今の一時の諭しを聞いて、芯《しん》から前々《ぜんぜん》の理が分かり、嬉《うれ》しいと思えば、一つさんげが出来ねばならん。成る時なら誰でもする。成らん処を通り、言うに言われん、越すに越されん、心にほんに鈍《どん》な事やなあと言うて、残念な道も通りたと言う。何もどうする事も要《い》らん」（明治24年1月28日）

（註3）

「これまでのさんげは言うまでやあろうまい。見てさんげ、見えてさんげ。後々の事言うまでや。これから生涯先の事情定めるのがさんげ」

（明治25年2月8日）


（註4）

「さんげだけでは受け取れん。それを運んでこそさんげという」

（明治29年4月4日）

種(1)——心尽くした物種

教祖《おやさま》にたすけられて入信した初期の信者さんは、鍛冶屋《かじや》、大工、左官といった職人や商人、なかにはお武家さんもいましたが、多くはお百姓さんでした。

したがって、農事にまつわる事柄を材料として、いくつかの教理が説かれています。早い時期から「肥のさづけ」をお渡しになっているのも、また、十一通りの特別願いのおつとめのなかに「萌《は》え出」「みのり」「雨乞《あまごい》」「雨あずけ」を教えられていることも、うなずけます。

　農作物の収穫を得るためには、田畑を耕したあと、まず種を蒔《ま》かねばなりません。種は植物が芽生え成長するもととなるところから、物事や精神の現れ出るもとをたとえる言葉として用いられています。「おふでさき」では、「たね」という言葉は、もっぱら、一般に魂と呼ばれている人間存在の核のことを表しています（註1）。

　一方、「みかぐらうた」「おさしづ」では、心遣いや行いを指しています。今生《こんせい》一代ばかりでなく、前生《ぜんしょう》、前々生の心遣いが種となり、善《よ》い種（心遣いや行い）は善い結果を、悪い種は悪い結果を見ることになります。「蒔かぬ種は生えぬ」と世間でもいわれているところです。もちろん、お道では善い種を蒔くことを勧めています。

　摂津国《せっつのくに》安立村《あんりゅうむら》に、「種市《たねいち》」という屋号で花の種を売って歩く前田藤助《まえだとうすけ》さん、タツさん夫妻がいました。二人の間には次々と子供ができ、もう、これぐらいで結構と思っていた慶応《けいおう》元年（一八六五年）、また子供が生まれることになりました。そこでタツさんは、大和国《やまとのくに》に、願うと子供をおろしてくれる神様があると聞いて、大和へ行きましたが、不思議なお導きで、教祖にお目通りすることになりました。

　教祖は、

「あんたは、種市さんや。あんたは、種を蒔くのやで」

と仰せになりました。タツさんが「種を蒔くとは、どうするのですか」と尋ねますと、教祖は、

「種を蒔くというのは、あちこち歩いて、天理王《てんりわう》の話をして廻《ま》わるのやで」

とお教えになり、さらに、おなかの子供について、

「子供はおろしてはならんで。今年生まれる子は、男や。あんたの家の後取りや」

と仰せになりました。このお言葉に、タツさんは、子供をおろすことを思いとどまり、夫にも話をして、それからは夫婦ともどもおぢばへ帰り、教祖からたびたびお仕込みいただきました。

　タツさんは、その年の六月十八日に、教祖のお言葉のとおり、男の子を安産いたしました。子供は藤次郎《とうじろう》と名づけられました。夫妻は、花の種を売りながら、天理王命

の神名を人々の胸に伝えて回り、病人があると、二人のうち一人が、おぢばへ帰ってお願いすると、どんな病人でも次々とたすかったといいます。

（『稿本天理教教祖伝逸話篇』一三「種を蒔くのやで」）

信仰の種、喜びの種を蒔くことは、神様が望まれていることです。そして、人間創造の元の場所であるぢばは、自らの心の内に種を蒔く最適な所だと教えられています（註2）。「みかぐらうた」に、

やしきハかみのでんぢやで　まいたるたねハみなはへる　（七下り目八ッ）
こゝハこのよのでんぢなら　わしもしつかりたねをまこ　（七下り目九ッ）
このたびいちれつに　ようこそたねをまきにきた
たねをまいたるそのかたハ　こえをおかずにつくりとり　（七下り目十ド）

と歌われています。要約すると、「ぢばのある屋敷は、神の田地であるから、蒔いた種は皆生える。それならば、私もしっかり種を蒔きましょう。そのように世界中から、勇んで種を蒔きに来た。種を蒔いたその結果、肥を置かずとも多くの収穫を得る」と

なるでしょうか。「たね」の手振りは、両手を同時に、または右、左と胸に当てます。種が心遣いであることを、よく表しているように思います。号外の「おふでさき」に、

にち〳〵に心つくしたものだねを　神がたしかにうけとりている
しんぢつに神のうけとるものだねわ　いつになりてもくさるめわなし
たん〳〵とこのものだねがはへたなら　これまつだいのこふきなるそや

とあります。ここに記されている「心つくしたものだね」、つまり人をたすける心、誠真実の心を尽くすことが種となって、末代の「こふき」（功記・鴻基・綱記の意を表す口記・古記）になるといわれています。

（註1）

このどぢよなにの事やとをもている　これにんけんのたねであるそや（四号123）
にんけんをはぢめかけたハうをとみと　これなわしろとたねにはじめて（六号44）

（註2）

「世界は広い。広い世界の元なれば、広いだけの事を為《な》さねばならん。さあ〳〵種苗、苗代は、元のぢば。修理肥は誰《たれ》がする〳〵〳〵。遠い所より種を蒔きに来る。種を蒔いたら肥《こ》えをせねばなろまい。これをよう聞き分け」（明治20年3月11日　刻限御話）

種（2）――蒔かぬ種は生えぬ

「蒔《ま》かぬ種は生えぬ」、あまりにも当たり前のことです（註1）。

いま、自分の身に現れていることが善《よ》いことならば、気にもせずに受けとめることができます。しかし、都合の悪いこと、難儀なこと、不自由なことならば、そうはいきません。果たして、自分が蒔いた種が芽生えてきたことと、受けとめられるでしょうか。「おさしづ」に、

神からは子供に難儀さしたい、不自由《ふじゆ》さしたい、困らしたいと思う事は更《さら》に無し

（明治20年12月1日）

と仰せになっているように、親である神様は、子供である人間を困らせようとは思っておられません。したがって、本来、人間に隔てはないのですが、今生《こんせい》一代ばかりでなく、前生《ぜんしょう》に蒔いた心遣いの種が生えて、隔てとなっているのです（註2）。

善い種を蒔いたら善い芽が吹き、善い実がのる「みのり」、実を得ることができま

す（註3）。神様は、蒔いた種ならば生やさなければならない、とも仰せになっています（註4）。

種は、土の中の適当な深さに埋めてこそ育ちます。石の上に蒔いては、育たないどころか、鳥の餌《えさ》となって啄《ついば》まれてしまいます。真実の種は、目立たないところにあってこそ、将来芽生えるものなのです（註5）。

種が芽生え、実がのるためには、種を蒔く時期と、蒔いたあとの修理（丹精）が大切です。旬《しゅん》を外《はず》して蒔いた種は、なかなか生えるものではありません（註6）。また、蒔いた時期が良くても、天候が不順であれば生えません（註7）。

普通、野菜でも花でも、品種によって蒔く時期が決まっています。もちろん、このごろは日照時間や温度を調節して、人間が旬を作っています。いずれにしても、その種にふさわしい環境が必要なのです。

いつが旬であるかを見極めるのは、なかなかむずかしいことです。多くは、自分の身や身の周りに現れてきたことによって、判断することができます。

蒔く時期もそうですが、芽生え、実りを得るにも、旬があります（註8）。時期の到来をじっと待つことも必要なのです。

また、蒔かれた種が芽生え、実がのるために、適度な水やり、除草、病害虫の予防などの修理・丹精は欠かせません。蒔き流しでは、育たないのです（註9）。肥を置くこともせねばなりません（註10）。

信仰も同じで、日々の丹精が欠かせません。殊《こと》に、普請に使える用材に仕上げるためには、下枝払い、下草刈り、間伐などの世話が必要なように、一人の人を導き、よふぼく（用木）として育ってもらうためには、種を蒔いたあとの、怠ることのない常々の丹精が大切なのです（註11）。

（註1）

「誰《だれ》にも分かる仮名な理で諭し置こう。何ぼ広く田地田畑《でんぢたはた》あればとて、蒔かん種は生えん。種無しに作れるか。種蒔かずに取れようまい。隅から隅まで蒔き下ろす。蒔き下ろすで実がのる。一粒万倍に返《か》やす。この理聞き分け」（明治36年5月20日）

「蒔いた種さえ、よう〳〵の事で生えんのもある。蒔かぬ種が、生えそうな事があるか」（明治24年2月8日）

「種を植えにゃ生えん、蒔かにゃ生えん、育てにゃ育たん」（明治24年11月16日）

（註2）

「神からは子供に難儀さしたい、不自由さしたい、困らしたいと思う事は更に無し。人間も我が子三人五人八人が一人でも同じ事。親の心に隔てがあろう。この理をよう思《し》やんしてみよう。神の心に隔ては更に無し。それ隔てられる隔てられん、隔てんならんの一つは前生種により、一つは我が心にもよる」（明治20年12月1日）

（註3）

「人間というものは、一代と思えば頼り無きものなれど、人間というものは、生まれ更《か》わりの理がある。善き種蒔いたら善き実がのる」（明治36年3月30日）

「難儀さそ、不自由さそという親は無い。幾名何人ありても、救《たす》けたいとの一条である。その中隔てにゃならん、隔てられんやならん、という処《ところ》、世上見て一つの思案。この理を聞き分け。一つはたんのうと。善き種蒔けば善き芽が吹くも、世上見て一つのたんのうとの心定め。たんのうとの理を持ちて、案じる事は要らん。案じては案じの理を回る。案じは要らん、と、大きな心を持ちて理を治め。善き種蒔けば善き実がのる」（明治21年6月）

（註4）

「よう何にも談じ柱、相談柱、心一つの理を以《もっ》て何にも案じる事は無い。一年経てば一年、二年経てば二年、一時蒔いた種生やす。生やさにゃならん。案じ無きよう」

（明治24年1月7日）

「一年で蒔いた種が、一年で生える。二年で蒔いた種が、二年で生えるのもある。又《また》蒔いた種が生えんのもある。なれど一旦蒔いたる種は、どうでもこうでも生やさにゃならん。生えんという理は無い。どんな事も談示したとて、聞く者は無い。残念。相談する人も無し、掛かり掛けた道どうなろうと、残念々々の道も越して来た。涙をこぼして越した日もある。種を蒔いたから今日の日や。広い地所があっても種を蒔かねば草山や。草山は草山の値打ち。種があればこそ、修理がある。修理がしたならこそ今日の日や。（中略）蒔いたる種は、神が皆受け取りて居る。受け取りた種は皆生える」

（明治24年1月28日）

（註5）

「石の上に種を置く、風が吹けば飛んで了《しま》う、鳥が来て拾うて了う。生えやせん。心から真実蒔いた種は埋《おぼ》ってある。鍬《くわ》で堀り返《か》やしても、そこで生えんや外《ほか》で生える。どんな事も濃《こお》い、浅い、甘い、これをよう聞き分けてくれ。（中略）もう早《はよ》う石の上に種を置く。もう生えようか〳〵。蒔こうかと思うて蒔いた種じゃない。石の上に種を蒔いて、もう生えようか〳〵。一寸《ちょっと》難しいようなものや。大抵若い年寄《としより》言わん」

（明治23年9月30日午後9時　刻限御話）

（註6）

「同《お》んなじ種を蒔いても早いのも遅いのもある。所々によって遅れるのもある。遅れたぶには構《か》ませんで〳〵。改めて一つの理を諭そう。一つの種を蒔く。旬が来たなら生える。

急《せ》いてはいかんで。こうして置いては理が運ばれん、済まんという。こりゃ急いてはいかん。一日も早くと思うやろう。なれども一つの事情がある」　（明治22年7月24日）

「寄り来る処、日々種を蒔く、一つ種を蒔く。旬々の理を見て蒔けば皆実がのる。旬を過ぎて蒔けばあちらへ流れ、遅れてどんならん〳〵、とんとどんならん。話聞いて日々の処、もう何年経ったら〳〵要らん。一日の理が治まれば生涯の理というは、ちゃんと筆に知らして一々話《はなし》してくれるがよい」　（明治22年7月31日午前6時17分　本席身上御障りに付願）

（註7）

「さあ〳〵身の内往還通り難《に》くい、往還道通り難くい。世界の道何も彼《か》もめん〳〵いかなるも思う。十分物種が伏せてある。暑さ厳しいて生えん、遅れる〳〵。暑さ厳しいて生えん、遅れる〳〵。身の内は大抵《たいてい》々々分かりてあるであろう。世界の往還通り難くい〳〵。世界の道理を聞き分け〳〵。さあ〳〵世界の往還々々、一日の日通り兼ねる〳〵。変わる〳〵。外々なる処、どんな処も皆治めにゃならん。道理上を以て世界と言う。神一条の道、十分種伏せてある。順気の戦《たたかい》で芽が吹かん。さあ〳〵どんな種も皆蒔いてある。暑さ厳しいて生えん。寒さで押され順気で抑え、遅れる〳〵」

（明治22年7月26日午後9時　本席身上御障りに付願）

（註8）

「順気の戦」とは、寒暖が繰り返され、天候が不順であることを意味しています。

「今日種を蒔いて今日に出けん。旬を見て生える。又実が出ける。これ聞き分け」
（明治31年3月28日）

「旬より一つの理は治まりゃせん。旬が来ねば種は生えん」
（明治23年6月20日）

「世界の理上、遠くの事情を聞いて日々と言う、年々と言う。早く治め掛ける。何か思案定めてくれ。難しい事は言わん。難しいと思えば大変難しいであろう。なれどもひながたの道を思えば、何も難しい事は無い。なれども心一つの理によっては難しい。長くの事情ならば退屈するであろう。楽しみの道を諭して楽しみ。一年又年々今に種を蒔いて、今に生えようまい、花は咲くまい。これは余程旬早く早くの理のものを寄せる。聞くや否《いな》一つの道や。一夜の間にもどんな事という」
（明治22年11月9日午後10時半　刻限御話）

「元々発明どれだけ知恵、どれだけの学問道理の者といえど、元々一つの初まりを見よ。あんな者、こんな者というような、寄せて荒い道具にも、どんな道具にも使《つこ》うてある。これまで蒔いたる種を埋《おぼ》り、成人すれば実がのる。その実の味わいの理を聞き分けて運ぶがよい」
（明治25年5月20日）

（註9）

「種を蒔き〳〵、年々の理を以《も》ちて、古き種蒔きで、修理無しの蒔き流し〳〵。蒔き流したる処、修理々々。十分の理を聞かし話を伝え、理を聞かし」
（明治21年10月5日）

「さあ〳〵古き〳〵という種が世界にある。一寸理を聞いて出て来る。さあ〳〵古き一つ

の蒔き流しという種がある〳〵。さあ古き種が修理次第に皆々育つ」（明治21年11月7日）

（註10）

「成らん事せいとは言わん。いかなるも道に肥せにゃならん。肥無ければ蒔き流しの種も同じ事」（明治26年7月12日）

（註11）

「今日蒔いて、今日よふぼくに成るか。世上から賢い者や、弁者《べんしゃ》と言うても、雇い入れる事出来んから、よう聞き分け。どうも日々処である。それなら、上《かみ》も無い下《しも》も無い。上下《かみしも》中《なか》の区域無くては分からん。一尺やら一寸やら分からんようではどうもならん。道具々々、日々使う道具、大切なる道具もあれば価《あたえ》たんと出した道具もある。種を蒔いたる年限からよふぼくという。さそうと言うて出来るものやない。しようと言うてさせるものやない。一時どんな事も出来るものやない」（明治31年10月1日）

種（3）——種を選る

「信仰していれば、さまざまなご守護を頂くことができる。大難を小難に、小難を無難にしていただける。だから信仰するのだ」という人があります。こういう信仰を一般に「御利益信心《ごりやくしんじん》」といいます。

この世で御利益を求めることを「現世利益」と蔑《さげす》む人や宗教があります。御利益があるなら結構ではないかと思うのですが、低級な宗教だとランクづけしたりします。お道の信仰は、病気が治ったり、事情が解決したりするのも結構なことなのですが、日々生かされていること、多くのご守護を頂いていることに気づくことが大切です。もっと言いますと、病気や難儀なことに遭遇《そうぐう》しても、ご守護と受けとめることができるか否《いな》かが、信仰者とそうでない者との分かれ目かとも思います。

「信仰しているのに、重い病気にかかる。わずらわしい事情が起こる。商売がうまくいかない。信仰のし甲斐《がい》がない」と身の不幸を嘆く人があります。その様子を見て、「信仰しているのに何事か」と揶揄《やゆ》する人もいます。

蒔《ま》いた種がすぐ生えないのはもちろんですが、蒔いた種がすべて生えるとは限りません。旬《しゅん》が来て生えるものもあれば、そのまま腐って生えてこない種もあります。種を蒔くときには、どんな種でもよいというのではなく、当然、種とするのにふさわしい優良なものを選ぶことになります。

吉田梶太さんの三男、国次郎くんが、歯を噛《か》み、引きつけを起こすという病気になりました。そのとき、神様にお伺いすると、

さあ〳〵尋ねる事情〳〵、だん〳〵事情があろ。小人《しょうにん》々々という、身上《みじょう》一つ尋ねる。尋ねたら一つさしづに及ぼう。よう聞き分け。どんな事でも、心の理に皆分かる。これまで長らく尽《つく》し来たる処《ところ》、身上不足無ければ尋ねようまい。他に諭する理には、いんねんという理を諭すやろ。内々一つの理も聞き分け。成るもいんねん成らんもいんねん、成ろうと言うて成らんがいんねん。しょうまいと思うても成るもいんねんと言う。そんだら信心せえでも、と思うなれど、よう聞き分け。今年に蒔いて今年に生える種もある。そのまゝ腐る種もある。一つの理を蒔くには、種というは、選《よ》って〳〵選《えら》んで〳〵、選って〳〵蒔けば、一つの理も生えると言う。さあ内々しっかりこの理を聞き分けるよう。

（明治26年10月12日）

との「おさしづ」がありました。

せっかく蒔く種ならば、選びに選び、善い種を蒔かねばなりません。

物という理は種とも言う。種が理とも言う。一粒の種が幾万の理に成るとも分からん。（明治26年10月13日）

と、お諭しいただいています。

病の元は心から

かつては、病気の原因が、何かの祟《たた》りや障《さわ》りであると考えられ、祈禱《きとう》や加持《かじ》などによって祟りを治め、障りをなくすことが行われてきました。また、「病気」という文字のとおり、病む原因の一つとして「気（精神）」が関《かか》わっているとも考えられていました。それゆえ、気を失わない生活が重んじられ、気を養う食事や、訓練が尊ばれました。

近代医学は、ドイツの病理学者、ウィルヒョーの細胞病理学に始まるといわれています。病気の原因を、人体を構成する組織である細胞レベルでとらえ、足らないところは補い、余分なところは除去するという、今日の治療法が確立されました。これ以後、病気を身体レベルの異常としてとらえるようになり、治療に大きな成果を挙げるようになりました。

ところが一方で、病気は治ったが患者が死んでしまう、ということが起こってきました。「木を見て森を見ず」の医療に対する反省から、全体的な医学、全人医療が叫ばれるようになりました。その先駆けが心身医学でした。精神が身体機能に障害を及ぼすことは、実験でも明らかになりました。心因性疾患には限定がありますが、それでも医学の歴史にとっては大きな進歩です。大きな病院には、心療内科が置かれるのが当たり前になりました。

世間では「病は気から」といいますが、教祖《おやさま》は「病の元は心から」と教えられました（みかぐらうた　十下り目九ッ、十ド）。この二つは、一見似ているようで、実は全く違います。気で病む病もあるでしょうが、明らかに外的な直接要因によって、病気となることもあります。事故によるケガや、細菌、ウィルスによる感染症などがそうです。これらのケガや病気も、理由なくしては起こっていない、しかも個々人の心の問題としてとらえるのが、教祖の教えなのです。

自らの身や、身の周りに現れてくることごとくは、今生《こんせい》一代の通り方はもちろん、前生《ぜんしょう》から持ち越してきた心遣いの結果であり、さらに、本来的な人間の生き方をしてほしいと望まれる神の恵みでもあるのです。

この信仰は、一人ひとりの人間が、自らの生きてきた道を考え、将来の「陽気ぐらし」を見据えて生きる生き方を教えられています。

神様は、病の起こる根本である心のあり方を明らかにすることにより、人々に「病の根を切り」(みかぐらうた　二下り目八ッ)、「病まず、死なず、弱らない」(註1)、陽気ずくめの生活をさせたいと思われているのです。

(註1)

おふでさきに、次のように記されています。

しんぢつの心しだいのこのたすけ　やますしなずによハりなきよふ　(三号99)

その丶ちハやまずしなすによハらすに　心したいにいつまでもいよ　(四号37)

むまれこふほふそはしかもせんよふに　やますしなすにくらす事なら　(六号110)

にほんにハはしらをたてた事ならば　やまずしなすによハりなきよに　（十号11）
ことしから七十ねんハふう〳〵とも　やまずよハらすくらす事なら　（十一号59）
月日よりやますしなすによわらんの　はやくしよこふだそとをもへど　（十二号105）
またたすけやますしなずによハらんの　しよこまむりをはやくやりたい　（十三号115）
このたすけどふゆう事にをもうかな　やますしなすによハりなきよに　（十七号53）

学問にないこと

この教えが「だめの教え」といわれるのには、わけがあります。立教以前、この世の真理は、十のものなら九つまで、親神様から多くの聖人君子などを通じて伝えられてきました。天理教の立教は、神自身が表（人間世界）へ現れて、いままでに伝えられていない「だめ」（最後）の一点を明らかにされたことにあります。

そのだめの一点とは、神ご自身の存在と、なぜ、いかに、神が人間とこの世界を創造され、いまもなお守護されているかということです。親神様は、ただ真実を明らかにされたのみならず、創造の目的である「陽気ぐらし」世界実現のために、具体的な方法として「つとめ」を教えられました。

この、創造と守護と、そして救済の方法である「つとめ」の原理を教えられたのが「元初《もとはじ》まりの話」です。

「元初まりの話」とは、親神様によって、泥海《どろうみ》のなかから、夫婦の雛型《ひながた》をはじめ、人間の生命を生み出すために必要な道具が引き寄せられ、どぢよ（泥鰌）を人間の種として、三度の宿し込みと産み下ろしののち、八千八度《やたび》の生まれ更《か》わりを経て、今日の人間へと成長してきたという壮大な話です（註1）。

教祖《おやさま》は、この話を、記憶すべき話として、熱心な信者にお説きになりました。先人たちは「たすけの理話」として、この話を丸ごと受けとめ、人々に伝えました。

❖ ❖ ❖

明治七年陰暦十月のこと、教祖は、仲田儀三郎《なかたぎさぶろう》さんと松尾市兵衛《まつおいちべえ》さんの二人に、「大和神社《おやまと》へ行き、どういう神で御座《ござ》ると、尋ねておいで」

と命じられました。二人が仰せのままに神職に問いますと、「当社は、由緒ある大社である。祭神は、記紀《きき》（古事記と日本書紀のこと）に記されたとおりである」と滔々《とうとう》と述べ立てました。

それでは、どのようなご守護を下さる神様ですか、と、問いますと、神職たちは、ひと言も答えることができませんでした。

今度は二人が、先方の求めに応じて、教祖から日ごろ教えていただいている元初まりの話を台として、神様のご守護について述べました。すると、神職は「記紀に見えない神名を称《とな》えるは不都合であるから、これは弁難すべき要《よう》がある。石上神宮《いそのかみ》は、その氏子《うじこ》にかかる異説を唱えさせるのは、取り締まり不十分のそしりを免れない。いずれ日を改めて行くであろうから、この旨承知していよ」と息巻きました。

その翌日、石上神宮から神職五人が連れ立って、お屋敷にやって来ました。教祖は、彼らに直接お会いになり、親神様のご守護について詳しく説き諭されました。神職たちが「それが真《まこと》なれば、学問は嘘《うそ》か」と尋ねますと、教祖は、

「学問に無い、古い九億九万六千年間のこと、世界へ教えたい」

と仰せられたとのことです。

（『稿本天理教教祖伝』第六章「ぢば定め」）

明治の初め、政府が立てた国家に関する政策は、神道を大本（中心）に据えたものでしたから、神道古典にない神名を唱え、水生動物が出てくる「元初まりの話」は、相容《あいい》れられるものではありませんでした。この大和神社への神祇《じんぎ》問答がきっかけとなって、官憲による教祖および信者への迫害、干渉が始まりました。

「元初まりの話」は、科学合理主義を掲げる近代の、ありとあらゆる知識や常識とも相容れないものでした。荒唐無稽《こうとうむけい》な話として、知識人から嘲笑《ちょうしょう》の対象となったのは、想像にかたくありません。

しかし現代、人々は、公害問題や人間疎外など、あらゆる面で科学合理主義の行き詰まりに気づきはじめています。その反省から、人間の陰の部分にも目を向けるようになりました。これまで科学や学問の世界から無視されてきた、深層心理や神話に対して正しい評価がなされるようになったのも、その一つの現れでしょう。

「元初まりの話」が一般の学者から注目を浴びるようになったのも、その線上にあるものと思われます。「元初まりの話」は、あらゆる存在の根本を解明するものかもしれませんが、あくまでその根本は「たすけの理話」であることを忘れてはなりません。

（註1）

「元初まりの話」は、『天理教教典』第三章「元の理」に、次のように記述されています。

この世の元初《もとはじま》りは、どろ海であつた。月日親神は、この混沌《こんとん》たる様を味気なく思召《おぼしめ》し、人間を造り、その陽気ぐらしをするのを見て、ともに楽しもうと思いつかれた。

そこで、どろ海中を見澄まされると、沢山《たくさん》のどぢよの中に、うをとみとが混《まじ》つている。夫婦の雛型《ひながた》にしようと、先《ま》ずこれを引き寄せ、その一すじ心なるを見澄ました上、最初に産みおろす子数の年限が経《た》つたなら、宿し込みのいんねんある元のやしきに連れ帰り、神として拝をさせようと約束し、承知をさせて貰《もら》い受けられた。

続いて、乾《いぬい》の方からしやちを、巽《たつみ》の方からかめを呼び寄せ、これ又《また》、承知をさせて貰い受け、食べてその心味《こころあじわい》を試し、その性《しょう》を見定めて、これ等《ら》を男一の道具、及び、骨つっぱりの道具、又、女一の道具、及び、皮つなぎの道具とし、夫々《それぞれ》をうをとみとに仕込み、男、女の雛型と定められた。いざなぎのみこと　いざなみのみこととは、この男雛型・種、女雛型・苗代の理に授けられた神名であり、月よみのみこと　くにさづちのみこととは、夫々、この道具の理に授けられた神名である。

更《さら》に、東の方からうなぎを、坤《ひつじさる》の方からかれいを、西の方からくろぐつなを、艮《うしとら》の方からふぐを、次々と引き寄せ、これにも又、承知をさせて貰い受け、食べてその心味を試された。そして夫々、飲み食い出入り、息吹き分け、引き出し、切る道具と定め、その理に、くもよみのみこと　かしこねのみこと　をふとのべのみこと　たいしよく天のみこととの神名を授けられた。

かくて、雛型と道具が定《さだま》り、いよいよここに、人間を創造されることとなつた。そこで先ず、親神は、どろ海中のどぢよを皆食べて、その心根《こころね》を味《あじわ》い、これを人間のたねとされた。そして、月様は、いざなぎのみことの体内に、日様は、いざなみのみことの体内に入り込んで、人間創造の守護を教え、三日《か》三夜《よさ》の間に、九億九万九千九百九十九人の子数を、いざなみのみことの胎内に宿し込まれた。それから、いざなみのみことは、その場所に三年三月留《とどま》り、やがて、七十五日かかつて、子数のすべてを産みおろされた。

最初に産みおろされたものは、一様に五分《ぶ》であつたが、五分五分と成人して、九十九年経つて三寸になつた時、皆出直してしまい、父親なるいざなぎのみことも、身を隠された。しかし、一度教えられた守護により、いざなみのみことは、更に元の子数を宿し込み、十《と》月《つき》経つて、これを産みおろされたが、このものも、五分から生《うま》れ、九十九年経つて三寸五分まで成人して、皆出直した。そこで又、三度目の宿し込みをなされたが、このものも、五分から生れ、九十九年経つて四寸まで成人した。その時、母親なるいざなみのみことは、「これまでに成人すれば、いずれ五尺の人間になるであろう」と仰せられ、につこり笑《わろ》うて身を隠された。そして、子等も、その後《あと》を慕《した》うて残らず出直してしもうた。

その後《のち》、人間は、虫、鳥、畜類などと、八千八度《はっせんやたび》の生れ更《かわ》りを経て、又もや皆出直し、最後に、めざるが一匹だけ残つた。この胎《はら》に、男五人女五人の十人ずつの人間が宿り、五分から生れ、五分五分と成人して八寸になつた時、親神の守護によつて、どろ海の中に高《たか》低《ひく》が出来かけ、一尺八寸に成人した時、海山も天地も日月《じつげつ》も、漸《ようや》く区別出来るように、かたまりかけてきた。そして、人間は、一尺八寸から三尺になるまでは、一胎《ひとはら》に男一人女一人の二人ずつ生れ、三尺に成人した時、ものを言い始め、一胎に一人ずつ生れるようになつた。次いで、五尺になつた時、海山も天地も世界も皆出来て、人間は陸上の生活をするようになつた。

この間、九億九万年は水中の住居《すまい》、六千年は智慧《ちえ》の仕込み、三千九百九十九年は文字の仕込みと仰せられる。

さんさい心

子供は可愛《かわい》いものです。あどけなく、屈託がない。天真爛漫《らんまん》、純真無垢《むく》。いろいろ形容されますが、とにかく可愛いものです。

むずかる、夜泣きをする、だだをこねるということがあって、そのときは嫌《いや》だと思っても、自分もそのように育てられてきたのかと親の恩を思いやることができ、心が落ち着きます。つまらぬことで心を乱されることがあっても、安らかな寝顔や、笑みに癒《い》やされることも多いものです。

わたしの好きな詩の一つに、インドの詩聖タゴールの『あかちゃんの　やりかた』というのがあります。

あかちゃんの　やりかた

あかちゃんが　そうしたければ

いますぐにでも　天へとんでいって
しまえるでしょう。
あかちゃんが　わたしたちをすてて
いって　しまわないのは
それには　わけが　あるのですよ
あかちゃんは　おかあさまの　むねに
あたまを　やすめたいのです
おかあさまが　みえなくなるなんて
どうにも　がまんができません。

あかちゃんは　かしこい　ことばで
いろいろな　言いかたを
みんな　しっているのです。
ただ　この地上には

その意味の　わかる　ひとが
まるで　いないのです。
あかちゃんが　おはなし
したがらないのは　それには
わけが　あるのです
あかちゃんの　たった一つの
ねがいは　おかあさまの
おくちから　おかあさまの
ことばを　ならいたいのです。
なにも　しらなそうに
みえるのも　そういう　わけが
あるからなのです。……〈後略〉

（R・タゴール、高良とみ・留美子訳「新月」『タゴール著作集第一巻』）

いたいけな子供への折檻《せっかん》、虐待《ぎゃくたい》、ついには死に至らしめる事件があとを絶ちません。胸が痛みます。夜泣きがうるさい、反抗的だという理由でです。養育されているという弱い立場ゆえ、抵抗する力を持たない子供たちは、泣くか黙るかしか、心の内を表現する術《すべ》をもっていません。自分がおなかを痛めた子に、手をかけなければならない親の気持ちにも、つらいものがあります。

お道では「さんさい心」、つまり三歳の心を大切にします。それには、二つの意味が考えられます。

一つは、とくに信仰するうえでは、三歳児の純真な気持ち、親を信じ、親にもたれる一途《いちず》な心を、変わることなく持ちつづけることの大切さ（註1）を教えられているというものです。

人間は日常生活のなかで、ややもすると信仰心とはかけ離れた、悪《あ》しき心を使いやすいものです。悪しき心とまではいかなくとも、「まあ、いいか」と時には易《やす》きに流れ、時には気のゆるみが生じることがあります。一度易きに流れてしまうと、あとは雪崩《なだれ》のごとく止まるものではありません。信仰の元一日に定めた心は、忘れられてしまいます。
いま一つは、三歳までが、とくに人間としての心の基礎を形成する大切な時期ですから、育てる者に留意（註2）を促されたものです。「三つ子の魂百まで」と世間でもいうように、分かっても分からなくても、心を映すことが大切です。大人でも、入信した日をゼロ歳とするなら、三年のうちに、教えの素晴らしさを、それこそ心から心へと映すことが大切なのです。

（註1）
おさしづでは、三才について、本文で述べたように、「さんさい心」を諭されている個所と、本席について言われた個所があります。
前者には、幼少の子供を指す場合と、比喩《ひゆ》的に使われている場合があります。
「さあ〳〵妊娠、さあ出産、さあ〳〵三才で物分かり掛け。よう聞き分け。さあこれもあい、たゑ一つの理という」（明治22年6月16日）
「小人《しょうにん》というは、一才二才三才まではどういう事、人間心はさらにあろうまい〳〵」（明治22年11月9日）
「道理の理の弁《わきま》え出けん間は、まあ三才の理である。三才の理といえば心が浮かめばにま

〳〵と笑う。気に合わねば無理を言う。よう聞き分け。半分分かりて半分分からん。どういうものと思うやろ。理を聞き分けてくれたら分からんやない。めん〳〵聞き分けて、心に思《し》やんしてくれ」（明治32年3月5日）

本席については、次のように諭されています。

「この席は三才の小人の心と定めてあるのやで」（明治21年8月30日）

「席というは三才の心、元より話《はなし》たるなれどうもならん。人間の心を混ぜんよう」（明治23年4月14日）

（註2）

「人間心に持たず、内々人々《にんにん》家内一つの理、互い扶《たす》け合《や》いという親切合《や》いという。こんな事した思わんよう、理のさんげ。三才小人なあと、優し〳〵心持って守護《しゅごう》という」（明治32年10月18日）

「生まれ児《こ》小児一つ心に成れ。生まれ児の心には何も欲しい物は無い。生まれ三才、又《また》ちょと一つ心分かろうまい。さあ〳〵生まれ児は持たせば持ち、持たさにゃ持たん。この理しっかり聞き分け」（明治40年1月20日）

方位

近年は節分になると、太巻きの寿司が大売り出しとなります。その年の恵方《えほう》に向かってまるごとかじると、災厄《さいやく》から逃《のが》れ、福を招くことができるというのです。クリスマスケーキやバレンタインチョコと同じく、商売に乗せられている向きもありますが、とにかく盛んに行われています。毎年、吉《よ》い方角は変わりますが、新聞やテレビが教えてくれます。

家の建築や改築のとき、艮《うしとら》つまり東北の方角を「鬼門《きもん》」として、ここにトイレや浴室を作ることを善《よ》しとしません。大和《やまと》では、乾《いぬい》（西北）の方角に蔵を設け、西窓を避け、台所は北に設けるのを習いとしています。

方位に対する考え方は、民族や文化によってさまざまで、地形や気候、風土と関係があるといわれています。

日本では、易《えき》や陰陽《いんよう》五行説をはじめとする中国伝来の方位説が日本化して、いまなお行われています。方位に意味を持たせて吉凶を判断し、禍《わざわい》を避け、福を招くようにしているのです。

かつては旅行などで出かけるとき、目的地が忌《い》む方角に当たった場合、「方違《かたたが》え」といって、わざわざ別の良い方角へ行って泊まり、そこからあらためて出発していました。今日でも、実行している人があると聞きます。

もちろん、抜け道もいろいろと考えられています。たとえば、鬼門に当たる位置に、トイレや風呂を設けざるを得ないときは、導水、排水の方角を工夫したり、神に願って許してもらったりします。方を許す神として、大和では大神《おおみわ》神社（桜井《さくらい》市三輪《みわ》）がよく知られています。

天理教では、人間創造に関《かか》わる道具を寄せられた方角と、それに基づく、つとめ人衆の配置についての方角はありますが、方位の禁忌《きんき》はありません。人間創造の元のぢばは、親神様のいますところ、「八方の神が治まるところ」です（註1）。八方の神といっても、八つの神々を意味しているのではなく、親神様の人間創造における八つの働きと、いまもなお現実に働いているその守護に対して名づけられたものです（註2）。

また、をびや許しと同じように、方の許しがありますが、俗信である方位の吉凶に左右されやすい人々に安心を得させる、いわば方位の俗信を超えて教えられたものです。取り扱いについては、取次《とりつぎ》に任されています（註3）。

現在、教会本部の神殿は、ぢば、その証拠として据えられたかんろだいを中心として、「四方正面鏡やしき」の教祖《おやさま》のお言葉どおり、東西南北に礼拝場《らいはいじょう》が設けられ、世界に開かれています。国々所々の教会の神殿は、このぢばへ向けて建てられるように指導されています。常にぢばに正対して参拝させていただくという信仰からだと思われます。

明治二十二年、兵神《へいしん》分教会（現・大教会）が、神殿建築に際して「神様祀《まつ》りますにはどちらの方角にして宜《よろ》しきや」と「おさしづ」を願っています。その「おさしづ」に、

さあ〳〵尋ねる処《ところ》、普請一条、方角どちらとも言わん。向《むき》もどちらとも言わん。大き小さいこれ言わん。大層思うからならん。皆心を寄せた理を受け取る。

（明治22年3月1日）

とあります。

イスラム教の信者は毎日五回、聖地メッカの方角に向かって礼拝するのを義務としています。イスラム教の信者であった、ある宇宙飛行士が、地球を周回する軌道上で、定めに従い、メッカを礼拝しようとしたところ、そこには地球があることに気づきました。

世界平和は、みんなが宇宙旅行をすることで実現されるかもしれません。

（註1）
「こふき話十四年山沢《やまざわ》本」に、月日両神が、「くにさつち・つきよみ・くもよみ・かしこね・たいしよくてん・をふとのべ」を道具として人間創造をなされたことを述べ、「このかみ（神）をよりあつまりてござるゆへ　ほふいはあほふ（方位八方）ゆるします」（中山正善《なかやましょうぜん》『こふきの研究』〈道友社〉）とあります。

（註2）
にんけんをはぢめよふとてたん／＼と　よせてつこふたこれに神なを　（六号51）

（註3）
「話一条一つの理、事情というは、又《また》一つには方角の許しも、又縁談一つ事情処も言うま

でやない。取次《とりつぎ》に委《まか》せてある」（明治21年9月7日　刻限御話）
「さあ〳〵普請方角一名一名の処、取次に譲り委せたるものである」（明治22年2月19日）

道と世界

「道と世界は裏腹」といわれます。

「裏腹」とは正反対、全く逆ということですから、つまり、お道の教えと一般世界の常識とは正反対であるということです。

人間の社会は、人間の知恵と理性をもとに成り立っています。すべてのものの価値は、他との関係、比較によって決まります。

これに対して、信仰の世界は、神の教えを絶対の基準として成り立っています。神の教えは、人間常識の及ぶところではありません。ですから、一つの事柄に対する考え方や対処の仕方が、正反対になることも多いのです。

たとえば、地位や名誉や財産を得たいと思うのが人間の常です。ところが、教祖《おやさま》が歩まれたように、そのような世俗的な価値観をまず捨てるところに、お道の信仰の出発点があります。

また、常識からすると、割の合わないことや、損なことを、あえて引き受けることがあります。当面は損をしたように見えますが、長い目で見ると、自分に良いように事が運んでいるものです。あるいは、今生《こんせい》一代ではなく、何代にも及ぶ長い目で見ると得心できることもあります（註1）。

ちなみに、世間の常識に左右された考え方や生き方を、「世界並み」（註2）といって注意を促されています。

一方、「世界に道あり」とか「世界は鏡」（註3）とも言われています。教えを直接知らなくとも、教えに適《かな》った考え方や行動、生き方があるというのです。教祖を通じて教えが伝えられる以前に、十のものなら九つまで聖人や賢者を通して伝えられているからでありましょう。

「みかぐらうた」に、

ひろいせかいのうちなれバ　たすけるところがまゝあらう《ろ》　（五下り目一ッ）

とも歌われています。いかなる宗教であっても、拝み祈禱《きとう》であっても、人さまにたすかってもらいたいとの思いは、神様の受け取るところとなり、直面している難儀をたすけていただけるのです。世間には、ボランティア活動をはじめ、人さまのためにと働く方が大勢いて、頭の下がる思いがします。

また、善《よ》いことでも、悪《あ》しきことでも、世界に現れてくることごとくは、道の姿を映している鏡であり、信仰者に見せていただいていることなのです。

「合図立て合い」（註4）とも仰せられます。世界に現れてくることは、時を同じくして道のうえにも現れ、道のうえに現れてくることは、世界にも現れてくると言われています。

おつとめを勤めることによって、私たちの身の上や、社会や、自然界に現れるさまざまなご守護、あるいは、人間が神様の思いに沿えないゆえに〝神の残念〟として現れる自然災害などは、道と世界の繫《つな》がりを考えさせられる事柄です。

このように、道と世界は繋がり、関《かか》わり合っており、私たち一人ひとりの心遣いが、社会を明るくも暗くもするのです。この教えを信じている者の責任は、重大であるといわねばなりません。

（註1）
「人間は一代、一代と思えば何でもない。なれど、尽《つく》した理働いた理は、生涯末代の理である。この道と世界先々理と、理を聞き分け。道に一つ一つ諭すかりもの聞き分け」
（明治37年3月3日　泉支教会役員茶谷佐平妻さだ四十八才身上願）

（註2）
おふでさきに、「せかいなみ」は十八カ所記されています。いずれも「常識程度」の意で、それに対する教えの根本的な違いを示しています。

みへてからといてかゝるハせかいなみ　みへんさきからといてをくそや（一号18）
やまいとてせかいなみでハないほどに　神のりいふくいまぞあらハす（一号25）
いまゝでハ上たる心ハからいで　せかいなみやとをもていたなり（二号35）
いまゝでハなによの事もせかいなみ　これからわかるむねのうちより（三号43）
このみちハせかいなみとハをもうなよ　これまつだいのこふきはぢまり（五号18）
その事をなにもしらすにそばなるハ　せかいなみなる事をふもをて（五号60）

なにゝてもせかいなみとハをもうなよ　なにかめつらしみちがあるぞや　（五号61）
上たるハそれをしらすになに事も　せかいなみやとをもているなり　（七号3）
こらほどにをもう月日のしんぢつを　そばの心わまたせかいなみ　（七号51）
それしらすうちなるものハなにもかも　せかいなみなるよふにをもふて　（七号69・十五号82）
月日にハたいて心ハつくせとも　せかいぢううハまだせかいなみ　（八号34）
それしらすそばの心ハたれにても　せかいなみなるよふにをもふて　（十一号12）
それしらすみなの心ハたれにても　せかいなみなる事ばかりゆう　（十二号20）
このところせかいなみとハをもうなよ　月日の心ばかりなるぞや　（十二号21）
一れつハみなうたごふてたれにても　せかいなみやとをもているので　（十二号106）
この元をたしかにゆうてかゝるから　せかいなみなる事でゆハれん　（十二号166）
けふの日ハなにもしらすにたれにても　せかいなみなる事であれども　（十二号176）

（註3）
「世界にはいかなる事も皆映してある。それ世界に映る。世界は鏡や。皆々めん〳〵心通りを身の内へ皆映る」

（明治22年2月4日　梶本国治郎障りに付願——押して願）

（註4）
「何時どういう道に成ると分からん。急がしいてならん。（中略）こんな忙《せわ》しい、世界も忙

し年に、一度忙し刻限、皆それ〳〵へ合図立て合い」（明治21年4月17日夜9時　刻限）

義理

日本では、契約社会が進んだとはいえ、まだまだ義理と人情が重んじられています。義理を立て、義理を欠くことのないように、人々は心を配っています。義理と人情は、いまの渇いた社会の潤滑油ともいえそうです。

義理は本来、道理と同じく、人間の踏み行うべき道、物事の正しい筋道を意味する言葉です。これが、さまざまな人間関係のなかで「立場上務めなければならないと意識されたこと」「特に世間的なつきあいの上で、仕方なしにする行為やことば」（『日本国語大辞典』）を意味するようになりました。

神様は、「人間の義理は要《い》らん、人間の義理思えば、神の道の理を欠くで」（おさしづ明治21年10月5日）とも「人間の義理を病んで、神一条の理を欠いてはどうもならん」

（同　明治23年4月27日）とも仰せになっています。

この道は、人間とこの世界についての根本を教えられたものでありますから、親神様の人間救済を実現するための行いは、人間の道理や、ましてや義理・人情に左右されてはならないことを戒められたものです。

もちろん、人間同士の義理や人情については、否定されていません。「人間と人間との義理が無くば暗闇《くらやみ》とも言うやろう」（同　明治23年10月5日）と仰せになっています（註1）。その兼ね合いが「難しい」のです。この道を歩むには、神様の教えに従うのが本筋であると言われています。

天理教は、教会の設立、公認にあたって、やむなく神道に属していた時期がありました。明治二十四年、教祖五年祭に際して、神道管長を斎主《さいしゅ》として迎えようか、それとも初代真柱・中山眞之亮《なかやましんのすけ》様がつとめるべきか協議され、「おさしづ」を伺うことになりました。

「おさしづ」では、

何《なん》にもそんな難し道を通るやない。まあどれから見ても、高い所はけなりものや。

なれど必ずの理に持たぬよう。低い所より掛かれ。義理々々と人間心の理を立てる。人間心の理では、いずれ〳〵の理が出る。理が走る。どうする事も要《い》らん。心だけの理は十分受け取る。大層の理は受け取らん。すっきり受け取らんで。

（明治24年2月8日）

と、高いところは「けなり」（格別な）ものであるが、義理を立てるのではない、と仰せになっています。

神道とは、当然のことながら、教えの違うところが多く、やがて一派独立を目指す運動が起こりました。その始まりにあたって、今度は逆に「義理合い」も必要と言われています（註2）。成らんことも、それによって実現するというのです。むずかしいといわれた一派独立も、十数年の歳月を要しましたが、明治四十一年に実現しました。

お道は、日常生活と密着した信仰を求めています。人との関《かか》わり合いのなかでは、人間の道理や義理・人情が絡《から》みやすいものです。制度としての教会の役割や、生活、一般社会との対応において、義理・人情が顔を出します（註3）。

殊《こと》に、身内、親族の場合はそうです。教えのうえでは、それぞれ同じ一信者なのですから、身内、親族を特別に扱うことを、親神様は戒められています。

もちろん、「所相応、身分相応」の扱いは許されています（註4）。また、縁談についても、義理で結ばないように諭されています（註5）。

詰まるところ、人間お互い、きょうだいとしての自覚のもとに、教えを基準にした生き方、通り方、歩み方が大切だということです。

（註1）

「難しいと思うは、人間と人間との義理が無くば暗闇《くらやみ》とも言うやろう。人間の義理を病んで、神の道を欠くという。以前に諭したる。それが退《の》かん事ではどうも難しい。たとえ後からでも、あの者はかほうという、神の道にはかほうという事はすっきり要らん。だん〳〵諭しても書き取っても、理を話さん事ではどんならん」（明治23年10月5日　刻限御話）

（註2）

「これ見る一つ可愛《かわい》がる道も無けにゃならん。これ一寸暫《ちょっとしばら》く人間の中、義理合いの中ある。これ外せん。どう成っても成らいでも、義理合いは立てにゃならん。そうしたなら始まるで」

（明治25年12月20日　天理教会一派独立の件に付伺──押して中山会長御出京になりて宜しきや、又は代理にして宜しきや）

（註3）

「義理という顔という理を以《もっ》て掛かればどうもならん。今一時の処にて名称の下りたる場所にて、大変の事情ありて皆々それ〳〵心揉《も》んだであろう。心病んだであろう。あちら眺《なが》めこちら眺め、義理を思うからどうもならん。神一条の理と人間と〳〵の理をよう聞き分け。人間の理を病んで神の理を欠いてはならんという」（明治28年9月15日　中河分教会事情願）

「国々それ〳〵名称々々の理を下ろし、言えば道の辻々ともいう。十分の理ともいう。さあ付け掛けた道は、付ける程に〳〵。なれど、鏡やしきや、ぢばやという理、竜頭《りゅうず》の事情、今の事情、これが世界の鏡となるか。竜頭が濁れば、辻々は一時にどないになるやら知れんで。本部員や役員と言うなら、世上へ映る鏡やしき。曇り事情踏み止めてくれにゃなろまい。一日の日よりしっかり定め掛け。皆々よう聞かして下されたという理が分かれば、一つは精神の定める理も出来るやろう。ぢばも鏡なら、世上も鏡、世上の理も映れば、ぢばの曇りも皆映る。あの者には義理や、この者は放《ほ》って置けん、という人間心の理から世界の曇りとなる。数々の曇りは皆この理一つにある程に〳〵」

（明治30年2月1日　松村吉太郎風邪引き咳出て困り居る後へ、小人義孝口中舌たゞれ、口中悪しくに付願）

（註4）

「今尋ねる事情心の理を持たず、そんなら放《ほ》って置けとは言わん。所相《そう》応、身分相《そう》応の理によって運んでくれ。後々の理を思えば、世間の義理は要らん。所相応、身分相応に運んでくれるよう」

（明治24年11月6日　梶本松治郎葬祭来る十二日執行の件願）

（註5）

「縁談に義理掛けてはならん。それはほんの一寸の飾りのようなもの。そこで縁談というは、真の心に結ぶは縁談。又離れ〳〵寄りてはならん。人間には心という理がある。心合わねば、どうでもこうでもそも〳〵理。これだけ諭したら、どんな理も分かる」

（明治33年12月7日　梶本楢治郎以前の事情申し上げ、宮田善蔵の娘カナ二十才縁談事情願――又押して、親なり本人なり治まったら運ばして貰うたら宜し御座りますや願）

道に関あっては

物理的にも精神的にも、人と人との間を閉ざすものがあっては、意思の疎通もままなりません。ましてや、神と人との間を閉ざすものがあってはなりません。

教会本部の神殿は、ぢば・かんろだいを中心として、東西南北に礼拝場《らいはいじょう》があります。この構造は、「四方正面鏡やしき」のお言葉を具現化したものです。一年三百六十五日、いつでも親神様と直《じか》にまみえることのできる場として、世界に開かれているのです。

明治二十五年十二月十三日（陰暦十月二十五日）、教祖《おやさま》のお墓地が、それまで埋葬されていた頭光寺山《ずこうじ》より、現在の豊田山《とよだ》に移され、改葬祭が行われました。新墓地の入口へ門を建てようということになり、一週間後の二十日に「おさしづ」を仰いだところ、

さっぱり道に関をして、人々《ひとびと》通さんようすれば、世界という、すうぱりと開け放して置くがよかろう。（明治25年12月20日）

と、お許しになりませんでした。

また、周囲に垣を巡らしたいと願いましたが、同じく「じっとして置くがよい」（同）と、お許しになっていません。


道に関があっては通られん。（明治33年10月31日午前2時　刻限御話）

とも仰せになっています。

神と人間の間を閉ざすものは、お許しいただいていないのです。それは、道に関所を設けるようなもので、通るところを閉ざしてしまうというわけです。

ある教会では、それでは、神殿の玄関に衝立《ついたて》を置くことはどうか、と尋ねました。これは、

心に掛かる処《ところ》は、心に掛からんように。それは心通りして。（明治24年3月21日）

と、お許しになっています（註1）。

このような物理的な関は取り除けばよいのですが、問題は精神的な関です。いくら神様の話を説いても、聞こうとしない、聞く心がないのは、神様との間を閉ざす大きな関（註2）となります。

この道は、

薄い紙一枚より薄い関が通る事出来んが神の道。（明治33年9月24日　増野いと身上願）

であるので、

神という道は、年限を待って出来た道であるから、それを心で壊しては、どうも

ならん。（同）

と、お諭しになっています。つまり、教えをいくら説いても、それを誠として受けとめないことを関と仰せになって、邪魔になるから、神様が取り除くといわれているのです（註3）。また、越すに越せない関は、人々が心を寄せ、力を合わせることによって越えることができる（註4）とも、お諭しくだされています。

以前、外国の方を本部の神殿へ参拝にお連れしたときのことです。その方は、教服を着て結界内で奉仕されている先生方に興味を示され、「あの人は何をしていますか?」と尋ねられました。

「お守《も》りをされているのです」と答えると、「神が人間を守るのは分かるけれども、人間が神様を守るのですか」と不思議がられました。普段、あまり意識したことがなかったので、思わず考えさせられました。

神様と人間の間の関、人間と人間の間の関は、ないに越したことはありません。世界中の人々の心が、親神様のお心に近づいて、早くそのような日が来ることを願わずにはいられません。

（註1）

「さあ〳〵皆《み》んなこれどうするもこうするも心一つ。どうするも心に掛かる処《ところ》は、心に掛からんように。それは心通りして、心にどうであろうと思えば、どもならん。これも一つ。内から何かの処聞き取りてくれねばならん」

（明治24年3月21日　兵神分教会所の玄関へ衝立を置く願）

（註2）

「このやしきやしき、尋ぬるより外《ほか》に道は無い。今までに皆知らしたる事、尋ねてするという事を定めて貰《もら》いたい。長くの道によって、一日々々の日を定め、尋ね掛け。相談をしてこれ〳〵の処、一日の処の事情でも尋ねてくれねばならん、一日の事でも尋ねてくれねばならん。後々見れば面倒《めんど》い事と思うやろう。後々の事を思えば面倒いじゃあろうまい。尋ねる事は無いように成ったら、一列に治まる。話《はなし》すればその場その場の理がある。何ぼ程話を聞いても聞いても、耳と心と関が有ってはほんの義理で尋ねる。これからは踏み損《そこな》いの無いよう、よう聞き取ってくれ」

（明治23年7月3日　普請一条の事に付伺〈一旦御許しのありし事も、又これはという時は、神様へ一々御伺致しますものか、又その時は本席に談じて宜しう御座りますか伺〉）

（註3）

「幾重談示、今ぜちうの処、分からん処、何《なん》にも分からん。めん〳〵時談《じだん》して、内の処関、その場〳〵一つ思案。どうでもこうでも登れん。その場〳〵治めにて、又一つ道。さあ〳〵分からん処には、何ぼ誠説いても誠とせん。何ぼ貫《つら》ぬこうと思うても、関があっては登れん。登られんから帰る。帰るのも道ぢゃ。関があるから、邪魔になる。関は神が取るのやで。関さえ取れば、登れるであろう。又関貫ぬこうと思うや、余程の長く掛かる」

（明治20年6月28日　増野正兵衛身上障り伺）

「神の道、神一条の理に基《もとづ》いてやらねばさしづ、したとは言わん。さしづを聞いてどういう心に関という垣を拵《こしら》えてはどうもならん」

（明治23年6月29日　普請成就し且本席御障りに付願）

（註4）

「年明けたら、えらい関がある。越すに越せんというえらい関は、越すに越せんのその関は、皆んなの心で皆一つに皆寄せて越す」

（明治21年12月25日　刻限御話）

言葉でなりと満足

医者にさじを投げられた病気や、八方塞《ふさ》がりの事情をたすけられ、お道の信仰に導かれた人でも、日がたてば、そのありがたさを忘れてしまいやすいものです。たすけられたご恩報じに、自らのたすかった喜びを人さまに伝え、たくさんの人々を導いて教会の設立を見るような人にも、こうしたことはあり得ます。「おさしづ」にも、

神の自由《じうよう》して見せても、その時だけは覚えて居《い》る。なれど、一日経《た》つ、十日経つ、三十日経てば、ころっと忘れて了《しま》う。（明治31年5月9日）

と言われているとおりです。

いつも神様を目標《めどう》に、教祖《おやさま》のお心をわが心として歩むことができればよいのですが、何かの事情にぶつかると、迷いが生じ、喜べずに過ごすことになります。

信仰は人が目標でなく、神様が目標だと理屈では分かっていても、つい、人の姿を見ては不足をする。食べ物、着る物、子供の欲しがる物も我慢させて尽くしているのに喜べない――こんな心では、神様のご用を満足につとめられるはずもなく、悶々《もんもん》とした日々を過ごすことになります。

心の弛《ゆる》みや迷いは、聖人君子ならいざしらず、人間ならだれの心にも生じ得るもの

です。「いやいや信心堅固《けんご》、一点の曇《くも》りもありません」というなら、それは結構です。しかし、いかなる名選手、スタープレーヤーでも、スランプや挫折《ざせつ》を一度も味わったことのない人はいません。むしろ逆境を経験し、乗り越えてきたからこそ、より大きく育つことができたともいえます。

スランプに陥《おちい》っているスポーツ選手は、自分自身でいくら努力を重ねても、そこから抜け出すことができないといいます。多くは、他人の何げない助言をきっかけに、転機を迎えるのだそうです。

明治二十九年、天理教の取り締まりを目的とした内務省の訓令が出されました。当局は、おつとめを、男女が入り混じり風紀を乱すものとして、また、たすけられた喜びや、日々かりものの体を借りて生かされている感謝の気持ちからの金銭のお供えを、強制的な寄付ととらえました。あるいは、おたすけによって、不治と思われた病気が次々と治ったので、医薬を妨害《ぼうがい》していると見なしました。信徒八百万といわれていた時代ですから、あまりにも急速な発展に、政府も社会も宗教界も恐れをなしたというのが実情でしょう。

この訓令によって、全国の警察は、教会の動向、信者の生活を見張るなど取り締まりを強め、地方官庁によっては、教会設置を認めなかったり、すでに設置されている教会に解散を迫るところもありました。

このような状況をものともせず、おたすけ活動を展開したところもありますが、少なからず教内に影響を与えたのは事実です。布教が停滞し、教会生活に深刻な影響が出るところもありました。教会を預かる人に、勇めない、喜べない日が続いたのも、ゆえないことではありません。まさに、スランプ状態でした。

本部としても、放っておけないということになり、各地の教会へ出向くことになりました。そのときの「おさしづ」では、情愛の心、一人たすけたら万人たすかる心をもって出かけるように（註1）と諭されています。さらに、

あんな者こんな者と言うて了《しも》うてはならん。これがいかんあれがいかん、と言うは、道の疵《きず》と言う。

（明治37年12月14日）

と仰せられ、

一寸《ちょっと》々々と言葉でなりと満足与えば、それから一つ理も分かって来る。

（同）

とも諭されています（註2）。

だれしも他人に対しては、あれこれと意見を言い、気づいたことは注意したくなるものです。しかし、スランプは単なる技術の問題ではなく、心の問題です。スポーツ選手を立ち直らせたひと言は、技術的なことではなく、「夕焼けが綺麗《きれい》だ」とか、「奥さんの見立てによる服のセンスがいい」というような、たわいもない内容が多いそうです。

何事にせよ、苦境に陥っている者に対しては、まずは「言葉でなりと満足」を与えることが大切だということです。

（註1）

「苦しみの道通りてこそ立つ。大きく成る。これから、大き心を持ってくれにゃならん、持ってくれにゃならんの処《ところ》、一々物を持って行て、どうとは出来ようまい。そこに一つの情愛という心ある。一人救《にんたす》けたら万人《まんにん》救かるという心持ってくれ。一人狂うたら万人狂う。成らん事せいとは言わん。一人救けりゃ万人救かるという理、心に治めにゃならん」

（明治37年12月14日　過日のおさしづにより、一同協議の上第一部下を養成するに対し、以前教会に関係ある本部員整理のためその教会に赴き、関係の無き教会は教長の命により、神様の

御許し頂戴の上それぞれ教会に養成するため出張する願）

（註2）

「さあ〳〵皆々これ多くの中所々国々という、まあ、あの者かいなあと言う。所々の理、そこで心の使い方、心の使い方、たゞしどんなもある。人《にん》と言うたら一人《いちにん》と言う。一人救けたら万人救かる。皆これだん〳〵に国々へ廻《まわ》りて見て居る。一人の中に三人五人も何十人もあると言う。その中の心散乱の心なって、何ぼう言うたとて、心から出る者はどうも仕様が無い。今日は西とも東とも分からん心ある。それはその中の理、苦しんだ者の中に、一人でも誠結んで、聞き分けて居る者無いとは言えん。元一つの心から、どんな者も出来る。その心見てやれ、聞いてやれ。これは種に成る程に〳〵。ほんに今までと言う。今はなあ、今はこういう道で、今日はどうしょう明日はどうしょうと、落ち着いて了《しも》うた者もある。道に離れられず、道に付いて居た処がなぁと言う者もある。一寸々々と言葉でなりと満足与えば、それから一つ理も分かって来る。成程という心持ってくれ。あんな者こんな者と言うて了うてはならん。これがいかんあれがいかん、と言うは、道の疵《きず》と言う。あちらが曇り、こちらが曇りするから、暇が要る。折角《せっかく》細道付け、これだけこう成るは容易で成るものやない。道のため、今日の日行かんと言うて送りて居る者もある。種というは、些《いささ》かのものから大きものに成る。年々に作り上げたら、どれだけのものに成るやら知れん。しっかりと心に聞き分けたか」

（前同　先刻のおさしづ一人の心から万人救かるという処は、先々担任教師の事を仰せ下されたるものかと申し上げる）

いんねん

お道の本や雑誌などで、かつての先人たちの教話を読むと、「いんねんを果たす」「いんねんを切る」「いんねん納消《なっしょう》」という言葉を、よく見かけます。

多くは、おたすけの場面で、病気や事情に悩む人に対して、身に現れてくることや成ってくることには原因があり、意味があることを説明するときに用いられています。

身上《みじょう》の患いや事情のもつれは、悪《あ》しきいんねんの結果として身に降りかかってくるものであること、したがって、起こってくる原因を断つよう、あるいは自分のものとして心底引き受けるよう、または根本的に無くしてしまうよう諭しているのです。

こうして、自らのいんねんを自覚した人は、心の転換をなし、親神様のたすけに浴することができたのです。

二代真柱・中山正善《なかやましょうぜん》様の著作に、『天理教伝道者に関する調査』（道友社）がありま す。昭和三年当時の布教師に対する調査をもとにまとめられたもので、それによると、伝道を志した動機の第一位に、いんねんの自覚（同書では「贖罪《しょくざい》」）が挙げられ、なんと全体の三四パーセントを占めています。

「因縁」という言葉は本来、仏教の用語です。この世のあらゆる事物が生まれ滅びるのは、すべて内的な原因である「因」と、外的・間接的な要因である「縁」によるというものです。これが前生《ぜんしょう》からの運命、関係性、繋《つな》がりを意味するようになり、この「関係、繋がり」という意味において、お道の教えに用いられ、より積極的な意味で使われてきたと思われます。

お道におけるいんねんの教理は、親神様の人間創造に関《かか》わる「元のいんねん」と、個々人の心遣いに関わる「個人のいんねん」の二つに大きく分けることができます。

「元のいんねん」とは、人間世界に起こるあらゆる事象は「人間の陽気ぐらしを見て共に楽しみたい」との親神様の人間創造の思いに由来しているというものです。したがって、元のいんねんは、すべての人間に共通します。教祖《おやさま》をやしろとして人間救済の道をつけられたのも、救済の具体的な方法として教えられたおつとめも、このいんねんによるものです。

一方、「個人のいんねん」は、人間存在の根本である「心の自由性」「生まれ変わり出変わり」に関係があります。親神様は、人間創造において、私たち人間に、心だけは自由に使うことを許されました。心を使うことができるのは、かりものの体を借りている今生《こんせい》においてです。その心遣いの一部始終は魂に刻まれ、来生《らいせい》へと受け継がれます。つまり、私たちの今生は、生まれ変わり出変わりを重ねて魂に記録されてきた前生の心の軌跡を受けて成り立ち、存在しているのです（註1）。これが「個人のいんねん」です。

人間の心遣いは、人によって異なります。ですから、「個人のいんねん」の現れ方も、人によってさまざまです。人間は陽気ぐらしに向かうよう創造されていますから、その現れ方は、ほとんどが善《よ》いものですが、陽気ぐらしにそぐわない心遣いの結果として、悪しきものもあります（註2）。

私たちの身に現れてくること、成ってくることは、今生一代の心遣いによるものもあれば、前生に蒔《ま》いた種が芽生えてきたものもあります。大切なことは、どのようなことも自分の心遣いの結果であると自覚することであり、たとえ、自分に不都合な悪しきことであっても、善いことと同じく、親神様が陽気ぐらしをさせたいとの思いで与えられた恵みと受けとめることです。「因縁」だ、「運命」だ、「宿命」だと、諦《あきら》めてはならないのです（註3）。

お道の草創期の先人たちは、病気になって、医薬に頼り、神仏に願ったところがたすからず、世間の嘲笑《ちょうしょう》のただなかにあった教祖を訪ね、「元のいんねん」「個人のいんねん」を知り、自覚して、真実の救済に浴することができました。天理教の歴史を振り返ってみると、難儀、不自由をかこつ多くの人が、成らぬなかをたすけられています。そこで説かれているのは、やはり「元のいんねん」と「個人のいんねん」であり、人々はいんねんの自覚から、信仰者、伝道者となっていったのです。

近年、いんねんの教理はあまり説かれなくなったといわれます。説きづらくなったというのです。いんねん論は、説きようによっては、人間が作り出した差別を肯定してしまう側面があるからです。また、人だすけのための教えであるにもかかわらず、責め道具となってしまう危険性もあります。

いんねんの諭しは、あくまでも一般論として説かれてはなりません。個人のいんねんは、人それぞれ違うわけですから、個別に説かれてこそ、たすけの道が開かれるのです。

(註1)

「いんねんというは心の道、と言うたる。心の道と言うたるで」

(明治40年4月8日)

(註2)

「どれだけいんねんじゃ、いんねんと言うても、白《はく》いんねんもある、悪《あく》いんねんもある」

(明治31年9月30日　刻限御話)

(註3)

「成るもいんねん成らんもいんねんなら是非《ぜひ》は無い、と言えば、どうもならん」

思案

（明治36年12月22日）

心の自由こそ、人間が人間であることの最大の特徴です。陽気ぐらしができるか否《いな》かも、この心の自由にかかっています。親神様は人間創造にあたって、人間に体は貸し与えられましたが、心は自由に使えるように許されました。さらに、知恵や文字の仕込みを施され、人間は心の自由性をより発揮できるようになりました。

お道を信仰するにあたっては、この心の自由性を駆使することが求められています。そのことを「思案」という言葉によって、親神様は教えられています。

「思案」とは、一般に「思い巡らすこと」をいいます。思惟《しい》や思索《しさく》といってもいいでしょう。それでは、お道においての思案は、「何を」「どのように」思い巡らしていけばいいのでしょうか。「おふでさき」をひもとくと、その筋道が見えてきます。

まず親神様は、人間思案、わが身思案はいらない（註1）と、はっきり仰せになっています。そのうえで、次のように教えられています。

第一に、この世と人間についての真実の話を思案すること。つまり、親神様の人間世界の創造と守護、そして人間救済に関《かか》わる話を聞いて思案すること（註2）。

第二に、自分の身の内や周囲、世界に現れることを通じて、神様のご守護について思案すること（註3）。

第三に、いかにしたなら陽気ぐらし世界が実現するか、互いたすけ合いについて思案すること（註4）。

第四に、世界の現実や歴史に示されている事柄、あるいは世界の思想や宗教が説いていることをもとに、お道の教えと比べて思案すること（註5）。

このように見てまいりますと、お道の「思案」とは、ただ思いを巡らすことではないことにお気づきでしょう。神様のお示しくだされたことについて思いを巡らし、いかにしたならば思召《おぼしめし》に適《かな》うようになるかを、人間が理性によって築き上げてきた学問や、宗教・思想・信条を踏まえて考えることなのです。

ですから、私たちは「思案」するための準備として、世界に関する知識とともに、何よりも教えを知り、心に治めること、心を静め、澄ますこと（註6）が必要になります。そのうえに、本当の信仰が成り立つのです。

教祖《おやさま》は、呉服屋の「棚方《たながた》」にたとえて教えられています。棚方とは、なんでも品揃《しなぞろ》えのできる都会の大店舗のことです。どういう話も取り次げるように理をしっかり心に治め、また自らの心をしっかり磨き、日々、真実を神様に供え、さあ、というとき、どんな働きもしていただけるように、平生《へいぜい》から〝心の仕入れ〟をしておかなければなりません。棚方のように十分な仕入れができていたなら、どんな注文も受け取ることができる、すなわち、どんなおたすけもさせていただけるのです。

（諸井政一《もろいまさいち》『正文遺韻抄』〈道友社〉）

「みかぐらうた」の「しあんせよ」（四下り目七ッ、八下り目六ッ）の手振りは、胸に両手（あるいは扇）を当てて、前屈《まえかが》みになって下がります。反対に「もたれつけ」（九下り目二ッ）は、両手を交差して胸に当て、後ろに反《そ》って、凭《もた》れるように下がります。これはまさしく、人間思案を捨てて、親神様にすべてをお任せした信仰者の望むべき姿です。

「思案」から、神様に「凭れる」ようになるには、「思案（心）を定め」なければなりません。親神様の思召について思いを巡らし、心を澄まして見えてきたことを、生涯変わらぬよう、しっかりと心に定めることが大切なのです。

「おふでさき」全千七百十一首の最後が、「これをはな《ば》一れつ心しやんたのむで」で結ばれていることからも、この道は思案して通る道だということがお分かりいただけると思います。

（註1）

めへ〳〵にハがみしやんハいらんもの　神がそれ〳〵みわけするぞや　（五号4）

それしらすみなにんけんの心とて　わがみしやんをばかりをもふて　（八号13）

いま丶でわ一れつハみなにんけんの　心ばかりてしやんしたれど　（十三号94）

このたびわどのよな事もにんけんの　心しやんわさらにいらんで　（十三号95）

（註2）

むしやうやたらにせきこむな　むねのうちよりしあんせよ　（八下り目6）

これからハながいどふちふみちすがら　といてきかするとくとしやんを　（一号57）

このみちをしんぢつをもう事ならば　むねのうちよりよろづしやんせ　（二号15）

しやんせよ万たすけのこのもよふ　にんけんハざとさらにをもうな　（三号79）
めへにめん神のゆう事なす事を　たん〳〵きいてしやんしてみよ　（三号119）
これきいてみな一れつわしやんせよ　なにかよろつハ心しだいや　（四号118）
どのよふなはなしきくのもみなさきい　ゆうてあるぞやしやんしてみよ　（十号85）
なにもかも月日ゆう事しやんせよ　なにをゆうてもこれちがわんで　（十二号76）
このしんハどふゆう事であろふなら　むねのしやんをこれがたいゝち　（十二号132）
それゆへにゆめでなりともにをいがけ　はやくしやんをしてくれるよふ　（十四号7）
このはなしどふぞしいかりきゝハけて　はやくしやんをしてくれるよふ　（十四号28）
それゆへにでかけてからハとむならん　そこで一れつしやんするよふ　（十六号47）
このさきハなにをゆうやらしれんでな　どふぞしかりしやんしてくれ　（十七号72）

（註3）

このよふにやまいとゆうてないほどに　みのうちさハりみなしやんせよ　（二号23）
たん〳〵となに事にてもこのよふわ　神のからだやしやんしてみよ　（三号40・135）
しやんせよやまいとゆうてさらになし　神のみちをせいけんなるぞや　（三号138）
めへ〳〵のみのうちよりもしやんして　心さだめて神にもたれよ　（四号43）
みのうちのなやむ事をばしやんして　神にもたれる心しやんせ　（五号10）
このさハりてびきいけんもりいふくも　みなめへ〳〵にしやんしてみよ　（五号20）

さきよりにせへいゝばいにことハりが　ゆうてあるぞやしやんしてみよ　（九号37）
たん〳〵とこのみちすじのよふたいハ　みなハが事とをもてしやんせ　（十号104）
これみたらどんなものでもしんちつに　あたまかたけてみなしやんする　（十二号179）
さあしやんこの心さいしいかりと　さだめついたる事であるなら　（十二号180）
この心神がしんぢつゆてきかす　みないちれつわしやんしてくれ　（十三号42）

（註4）

なにかよろづのたすけあい　むねのうちよりしあんせよ　（四下り目7）
なか〳〵このたびいちれつに　しつかりしあんをせにやならん　（九下り目7）
わかるよふむねのうちよりしやんせよ　人たすけたらわがみたすかる　（三号47）
しやんせよハかいとしよりよハきでも　心しだいにいかなぢうよふ　（四号132）
なさけないとのよにしやんしたとても　人をたすける心ないので　（十二号90）
せかいぢうどこにへだてわないほどに　一れつしやんしてくれるよふ　（十二号98）

（註5）

よろづよのせかいの事をみはらして　心しづめてしやんしてみよ　（一号69）
高山のせきゝよきいてしんしつの　神のはなしをきいてしやんせ　（三号148）
したるならいかほと高いところても　まねハてけまいしやんしてみよ　（十二号104）

（註6）

このさきハ心しづめてしやんせよ　あとでこふくハいなきよふにせよ　（一号54）
だん／＼と心しづめてしやんする　すんだる水とかハりくるぞや　（二号26）
をや／＼の心ちがいのないよふに　はやくしやんをするがよいぞや　（三号31）
しやんせよなんぼすんだる水やとて　とろをいれたらにごる事なり　（三号65）
けふまでハなによのみちもみへねども　はやくみゑるでしやんさだめよ　（四号45）
しんぢつに心いさんでしやんして　神にもたれてよふきづとめを　（四号49）
しやんして心さためてついてこい　すゑハたのもしみちがあるぞや　（五号24）
はや／＼としやんしてみてせきこめよ　ねへほるもよふなんでしてでん　（五号64）
こゝまでもよいなくときやないほとに　このたびこそハしやんするよふ　（十六号50）
それゆへにこのしづめかた一寸しらす　一れつはやくしやんするよふ　（十六号64）
さあしやんこれから心いれかへて　しやんさだめん事にいかんで　（十六号79）
これをはな一れつ心しやんたのむで　（十七号75）

あとがき

数年前、道友社の編集出版課長をしていた増野道太郎《ますのみちたろう》氏との話の中で、次のようなことが話題になりました。

「このごろ、ご飯を食べるときに『いただきます』をしない人が増えたように思う」

「信仰者であっても、教会の行事や何かで集まったときには『いただきます』をするが、普段の生活の中で、殊《こと》にレストランなどに行ったときには、あまり見かけない」

「そういえば、天理本通りを歩いて神殿に向かっているとき、すれ違う人から『お帰りなさい』と声をかけられることがなくなった」

等々、かつては、お道の信仰者ならば、だれでも当たり前に知っていて、行っていたことが、だんだん薄れて忘れ去られてしまったようで、「寂しいなあ」と二人で慨嘆《がいたん》していました。しかし、よく考えてみますと、自分自身がやはり同じようになっていることに気づかされました。嘆いてばかりはいられません。

「何か、これが〝お道の常識〟だ、みたいなものがあるといいね」

「あったらいいね」

と、話はそこで終わりました。

気になりながらも、何もせずにいたところ、この話を聞きつけた元渕紘《もとぶちこう》編集出版課主任（当時）が、北村譲英《きたむらじょうえい》課員と共に研究室を訪ねてくださり、ぜひ執筆を、と慫慂《しょうよう》されました。なにぶんにも大学の講義の持ちコマが多いうえに、おやさと研究所の仕事を兼任して多忙を極めていたので、無理であるとお断りしました。ところが「暇《ひま》な時に書けるものではありません。忙しいから書けるのです」と、元渕さんの分かったような分からないような言葉に、すっかりその気にさせられました。「これから毎朝、北村が原稿を頂きにお宅へ伺います」と言われ、冗談だろうと思っていたところ、本当に北村さんの〝日参〟が始まりました。

日中は講義、会議、研究会、事務処理などに追われ、人の出入りもあって執筆できないので、自宅で早起きして書くことにしました。私どもの布教所の朝づとめが七時ですので、それまでに一編でも原稿が出来上がっていればよいのですが、執筆途中の場合は、おつとめのあとに続けることになります。その都度、家族の朝ご飯はお預けとなります。時には、手ぶらで帰っていただくこともありました。

その後、北村さんが道友社を辞めることになり、あとを市瀬亮《いちせりょう》課員が引き継いでくれました。二人とも学生時代には雅楽部に所属し、活動をしていましたので、気心が知れているからか、嫌《いや》な顔ひとつせず付き合ってくれました。出版に漕《こ》ぎつけることができたのも、この二人と、根気よく待ってくださった道友社のおかげです。まことにありがとうございました。

なにぶん、常日ごろは論文調の文章に慣れ親しんでいるものですから、硬くて回りくどい、しかも味気ない文になる傾向があります。「もう少し、分かりやすく」と何度も注文を受けました。文章が分かりにくいのは、ひとえに筆者の責任です。分かりやすいところは、編集者の技量に負うところ大です。

あらかた原稿がそろって、割付《わりつけ》もできたころ、素人《しろうと》の目を通すのがよいと思い、妻や娘に読んでもらいました。妻は「お父さんの意見や考えがない」と言い、娘は「漢字が多くて読みにくい」と言います。漢字の問題は、ふりがなをふっていただいたので解決したのですが、妻の感想には参ってしまいました。教祖《おやさま》の教えや先人の信仰が、いわば私の考えであり意見ですので、あえて「お父さんの」と言われても困ります。妻が言わんとするところは、理屈はそうでも、現実になっていないところをどう解決するのか、ということを求めているのでしょう。ここが私にとって、一番の悩みの種なのです。「日本の常識、世界の非常識」と言った評論家がいましたが、それとは逆の意味で「お道の常識、わが家の非常識」というところでしょうか。どなたか『お道の常識　ここ一番』か何かのタイトルで、ご執筆いただけませんか。

筆　者

立教一六七年五月

佐藤 浩司（さとう・こうじ）

昭和21年（1946年）、北海道生まれ。同45年、天理大学文学部宗教学科卒業。同47年、天理教校本科卒業。天理大学助手、講師、助教授を経て、現在、教授。おやさと研究所主任。天理教校本科講師。

お道《みち》の常識《じょうしき》

立教167年（2004年）7月1日　初版第1刷発行
立教168年（2005年）3月26日　初版第2刷発行

著　者　佐藤浩司

発行所　天理教道友社
〒632-8686　奈良県天理市三島町271
電話　0743(62)5388
振替　00900-7-10367

TENRIKYO DOYUSHA

印刷所　株式会社天理時報社
〒632-0083　奈良県天理市稲葉町80

ISBN 4-8073-0495-X
定価はカバーに表示